Sociologia do Direito
para CONCURSOS da MAGISTRATURA

De acordo com a Resolução nº 75 do CNJ

O livro é a porta que se abre para a realização do homem.

Jair Lot Vieira

Sociologia do Direito

para CONCURSOS da MAGISTRATURA

De acordo com a Resolução nº 75 do CNJ

Ivan Alemão e Márcia Regina C. Barroso

SOCIOLOGIA DO DIREITO
IVAN ALEMÃO
MÁRCIA REGINA C. BARROSO

1ª Edição – 1ª reimpressão 2014

© desta edição: *Edipro Edições Profissionais Ltda.* – *CNPJ nº 47.640.982/0001-40*
Todos os direitos reservados. Nenhuma parte deste livro poderá ser reproduzida ou transmitida de qualquer forma ou por quaisquer meios, eletrônicos ou mecânicos, incluindo fotocópia, gravação ou qualquer sistema de armazenamento e recuperação de informações, sem permissão por escrito do Editor.

Editores: Jair Lot Vieira e Maíra Lot Vieira Micales
Produção editorial: Murilo Oliveira de Castro Coelho
Revisão: Luana da Costa Araújo Coelho
Arte: Karina Tenório e Simone Melz

Dados Internacionais de Catalogação na Publicação (CIP)
(Câmara Brasileira do Livro, SP, Brasil)

Alemão, Ivan e Barroso, Márcia Regina C.
    Sociologia do direito para concursos da magistratura (de acordo com a Resolução nº 75 do CNJ) / Ivan Alemão e Márcia Regina C. Barroso. – São Paulo, SP : EDIPRO, 2011. – (Coleção Resumos para Concursos da Magistratura)
    Bibliografia.
    ISBN 978-85-7283-738-5

    1. Direito – Aspectos sociais I. Alemão, Ivan e Barroso, Márcia Regina C. II. Título. III. Série.

10-12597   CDU-34 : 301

Índices para catálogo sistemático:
1. Sociologia do direito : 34 : 031

EDITORA AFILIADA

edições profissionais ltda.
São Paulo: Fone (11) 3107-4788 – Fax (11) 3107-0061
Bauru: Fone (14) 3234-4121 – Fax (14) 3234-4122
www.edipro.com.br

Sumário

Introdução 7
1. Distinção: direito e sociologia 7
2. A sociologia do direito 9
3. O positivismo jurídico e a sociologia do direito 13
4. Distinção: sociologia do direito e sociologia jurídica 17

Parte 1 Sociologia da administração judiciária 21

1. Aspectos gerenciais da atividade judiciária (administração e economia). Gestão. Gestão de pessoas 21
   1.1. Aspecto geral da sociologia da administração judiciária 21
   1.2. O Brasil a partir da reforma de 2004 25
   1.3. Gestão de pessoas 31
   1.4. O que se espera de um juiz? Formação humanística 32

Parte 2 Relações sociais e relações jurídicas 51

2. Controle social e o direito. Transformações sociais e o direito ... 51
   2.1. Contextualização (Estado mínimo, Estado-providência e judicialização) 51
   2.2. Relações sociais e relações jurídicas 55
   2.3. Controle social e direito 59
       2.3.1. O conceito geral de controle social 59
       2.3.2. O controle social e as instituições jurídicas 61
       2.3.3. Sanções jurídicas e atos de força física 63

2.4. Transformações sociais e direito 70
    2.4.1. O conceito de mudança social 70
    2.4.2. A mudança social e o direito 73

PARTE 3   Direito, comunicação social e opinião pública 77

3. Opinião pública, pesquisa de opinião e mídia (o tribunal como objeto da mídia) 79
    3.1. Comunicação do tribunal (interna e externa) 88
        3.1.1. Enfoque regulamentar-administrativo 91
        3.1.2. Enfoque sociológico 96

PARTE 4   Conflitos sociais e mecanismos de resolução 101

4. Sistemas não judiciais de composição de litígios 101
    4.1. Acesso ao direito e à justiça 101
    4.2. Explosão de litigiosidade e acesso à justiça 104
    4.3. Quadro de acesso ao direito e à justiça 106
        4.3.1. Acesso ao direito material (conquista de direitos) 106
        4.3.2. Acesso ao gozo do direito (efetividade do direito) por meio do acesso ao Poder Judiciário (quando é vantajoso gozar o direito de agir processualmente) 109
            4.3.2.1. A questão da morosidade 112
        4.3.3. Acesso a meios extrajudiciais de solução de conflitos (que evitam o gozo do direito de agir processualmente ou formalmente) 116
        4.3.4. Leis substantivas de proteção (que evitam lides processuais) – proposta dos autores 120

REFERÊNCIAS 123

Introdução

1. DISTINÇÃO: DIREITO E SOCIOLOGIA

A Resolução nº 75 do Conselho Nacional de Justiça (CNJ), de 12 de maio de 2009, que dispôs sobre os concursos públicos para ingresso na carreira da magistratura em todos os ramos do Poder Judiciário nacional, passou a exigir dos bacharéis em Direito que se preparam para os atuais concursos NOÇÕES GERAIS DE DIREITO E FORMAÇÃO HUMANÍSTICA, incluindo sociologia do direito, psicologia judiciária, ética e Estatuto Jurídico da Magistratura Nacional, filosofia do direito e teoria geral do direito e da política.

Especificamente na disciplina SOCIOLOGIA DO DIREITO, o conteúdo programático dos editais de concursos subdivide-se em:

1. Introdução à sociologia da administração judiciária. Aspectos gerenciais da atividade judiciária (administração e economia). Gestão. Gestão de pessoas.

2. Relações sociais e relações jurídicas. Controle social e o direito. Transformações sociais e direito.

3. Direito, comunicação social e opinião pública.

4. Conflitos sociais e mecanismos de resolução. Sistemas não judiciais de composição de litígios.

Esta obra apresenta quatro capítulos da mesma forma como consta na Resolução nº 75 do CNJ, com a inclusão de alguns subitens de modo a facilitar a leitura.

Antes de adentrarmos no tema específico da sociologia do direito, precisamos alertar o leitor que a sociologia, no seu sentido geral, possui um método próprio que se desdobra em diversas vertentes. Se o leitor da área do direito não observar essa questão preliminar, terá dificuldade em enfrentar as questões sociológicas.

O profissional do direito tem como objeto de estudo, por excelência, a própria norma jurídica, ou seja, a lei escrita. Conta com a ajuda de outros recursos em caso de sua omissão, como os costumes, os princípios etc. A norma, em seu sentido abstrato, é adaptada ao caso concreto, e, para isso, o profissional do direito se utiliza de técnicas hermenêuticas (gramatical, sistemática, teleológica e histórica). A chamada "interpretação autêntica" já não é aplicada em nosso sistema normativo. Não se procura mais o criador da lei para saber o que ele quis. Isso era próprio dos sistemas absolutistas quando não havia divisão de poderes. Diferente é a postura do legislador na Democracia: após editar a lei, esta é lançada em uma sociedade que a interpretará após debates, podendo sofrer mudanças de interpretação com o tempo. É nesse sentido que a lei ganha "vida própria". O legislador perde o controle da lei após editá-la e é o judiciário que dará a palavra final acerca da interpretação de uma determinada lei. Como diria Moraes Filho (1950, prefácio), a lei escapa das mãos do legislador, passando a ter vida própria ao sabor de um meio concreto e desigual.

O jurista entende bem como uma lei pode ter "vida própria", ou seja, aceita a "vontade da lei" acima da vontade do *legislador*. Esta última vontade é uma das preocupações do historiador e do sociólogo.

De certo, qualquer cidadão pode interpretar a norma jurídica. Entretanto, cabe ao poder judiciário estabelecer a decisão final. Mas, mesmo aqui, longe do autoritarismo, existe um processo com ampla discussão (direito de contraditório), recursos interpostos pelos descontentes das decisões e, em instâncias superiores dos tribunais, votações em colegiados bem distantes daqueles que criaram as leis.

Não à toa que Moraes Filho chega a afirmar que "para a sociologia do direito só é direito vigente o que obtém na realidade aplicação eficaz, não devendo ser considerado simplesmente o que está contido na letra da lei" (1950, p. 217-218). Um diploma morto, não exerce a menor influência sobre a sociedade ou sobre a vida grupal. Para o autor, é no encontro do direito com a realidade social que ele é estudado sociologicamente.

O sociólogo vê o direito como um fato social, não como um conjunto de normas que formam um sistema lógico (ROSA, 1981, p. 57).

Nesse sentido, o estudioso percebe que toda a convivência humana é, de certo, influenciada direta ou indiretamente pelo direito. A ciência[1] do direito é vista como preocupada com o direito como norma, ou "dever ser", ao passo que a sociologia do direito se preocupa apenas com o direito como fato, ou realidade existente, ou ainda como "ser" (ROSA, 1981, p. 41).

O objeto do estudo do sociólogo não é a lei, pois ele não tem nenhuma pretensão de interpretá-la, mas sim de situá-la na sociedade como uma manifestação humana. Hoje em dia, cada vez mais, o estudo do processo de criação das normas jurídicas e seus efeitos é o objeto de estudo da sociologia do direito. A criação da lei, o seu uso, a sua eficácia, as suas mudanças, enfim, a trajetória das normas jurídicas é objeto da sociologia do direito. Ela vem estudando as lides sociais, os juízes, as instituições judiciárias, sua administração e a repercussão de suas decisões na sociedade, e o inverso: a influência da litigiosidade nos tribunais.

2. A SOCIOLOGIA DO DIREITO

Para Boaventura Santos (1986, p. 11-12), a sociologia do direito só se constitui em ciência social na acepção contemporânea do termo, isto é, em ramo especializado da sociologia em geral, após a Segunda Guerra Mundial. Segundo este autor:

> Ao contrário dos outros ramos da sociologia, a sociologia do direito ocupa-se de um fenômeno social, o direito, sobre o qual incidem séculos de

---

1 Considerar o direito como uma ciência não é uma preocupação tão importante para os juristas, diferentemente dos sociólogos que "lutaram" para a sociologia ser considerada uma ciência. O método para o sociólogo é de extrema importância, enquanto o direito usa mais técnicas. As escolas mais positivistas veem o direito como ciência, enquanto as escolas jurídicas sociológicas tendem ver a sociologia como ciência, e o direito como objeto de estudo. A expressão "ciência do direito" já foi igualada à dogmática jurídica. Entretanto, recentemente, tem sido igualada ao que hoje chamamos de "teoria da justiça", embora esta tenha mais características filosóficas. Também há a tendência de se generalizar o conceito de ciência. Daí haver necessidade de retomar o que se entende por ciência. Essa discussão, no entanto, foge ao presente estudo.

produção intelectual cristalizada na idade moderna em disciplinas como a filosofia do direito, a dogmática jurídica e história do direito. Sendo assim, a sociologia do direito buscou elementos na:
1. Filosofia do direito;
2. A dogmática jurídica e
3. História do direito.

Ainda segundo o mesmo autor (1986, p. 12-13), a visão mais normativista e substantivista do direito, do século XIX, foi cedendo lugar à visão institucional ou organizacional e, mesmo a anterior passou a privilegiar mais o direito processual do que o substantivo. Quando, no primeiro quartel do século XX a visão normativista e substantivista do direito ainda continuava a dominar, surgiram os primeiros estudos com nuances sociológicas.

Um autor, que muito se dedicou aos estudos referentes à sociologia do direito, Evaristo de Moraes Filho, também tem muito a nos acrescentar. Para ele:

> A verdadeira sociologia do direito, como disciplina própria que luta por um lugar no sol, não nega a existência autônoma à teoria dogmática do direito, nem muito menos à filosofia do direito. Nenhuma delas poderá, isoladamente, abranger o fenômeno jurídico por todos os lados; mas somente as três juntas poderão por certo alcançar maior êxito nos seus propósitos (1950, Prefácio).
> A sociologia do direito encara os fatos jurídicos como fatos sociais, relaciona-os com os demais fatos sociais. (...) Dos dois termos que a compõem – sociologia e direito – a nova disciplina possui mais da primeira do que do segundo (1950, p. 224).
> A *dogmática jurídica* tem a missão de construir uma sistematização lógica, severamente analítica e dedutiva, entre as próprias normas jurídicas. A *filosofia do direito* se encarrega, principalmente de colocar os problemas dos fins do direito, dos valores, dos ideais que o informam, sejam de justiça, de ordem, de moralidade, de segurança, e assim por diante (p. 225).

A partir desses conceitos, faremos uma incursão em vários movimentos intelectuais de peso que influenciaram a sociologia do direito. Foram bem diversificados os movimentos teóricos que deram elementos para o surgimento da sociologia do direito, enquanto ramo do saber específico.

A chamada doutrina da *jurisprudência sociológica*, nascida sob influência dos juristas americanos (Holmes, Brandeis, Stone, Cardozo etc.), na virada do século XIX para o século XX, foi influenciada pelo pensamento que procura entender a relação da lei com a sociedade, embora não estejamos falando de uma concepção utilizada por sociólogos, mas sim de juristas que procuraram utilizar "métodos sociológicos" na forma de julgar. Essa doutrina buscava ora *interpretar* a Constituição, ora a *construí-la*, como diria Oliveira Vianna (1938, p. 11-14), figura de grande destaque na sociologia brasileira e que sofreu sua influência. Vianna nos diz que o método da construção procurava a interpretação nas realidades sociais e nos imperativos do interesse público. O método sociológico de interpretação teve seu principal expoente em Holmes, com seu método também chamado de pragmático (ver HALIS, 2010). Assim, podemos dizer que pelo ângulo da interpretação judicial, a sociologia desde logo veio a influenciar o direito. Por serem os principais teóricos da jurisprudência sociológica juízes, a instituição judiciária passou a ser também foco de análise da sociologia.

Se a doutrina americana buscava *interpretar* as normas jurídicas de forma construtiva, a partir dos fatos sociais e pragmáticos, uma outra escola, europeia, conhecida como *direito vivo*, procurava demonstrar que a *construção das normas* partem do cotidiano da sociedade, de suas organizações próprias como, por exemplo, as associações que estabelecem regras de conduta entre os seus associados. Para o seu maior teórico, Eugen Ehrlich (1986, p. 54), autor de *Fundamentos da Sociologia do Direito*, escrito no início do século XX (1912), mesmo que todas as leis penais perdessem sua eficácia, somente uma pequena parcela da sociedade participaria de assassinatos, assaltos, roubos, depredações, etc. Ou seja, Ehrlich valorizava a normatividade criada espontaneamente na sociedade. O autor também considera as sentenças como normas criadas dia a dia, ou melhor dizendo, as normas são produzidas de forma dinâmica pela sociedade.

Segundo Moraes Filho (1950, p. 119 e 123), sem dúvida alguma coube à Escola Sociológica francesa, que teve em Durkheim (1858-1917) o seu maior expoente, o mérito da criação de uma sociologia do direito. Entretanto, já poderiam ser encontrados alguns estudos sobre direito e sociologia, a começar por Montesquieu (*O espírito das leis*), considerado pelos sociólogos como o mais lúcido e preciso precursor da sociologia (p. 121).

Émile Durkheim em sua conhecida obra *Da divisão do trabalho social*, de 1893, o direito aparece como símbolo externo da solidariedade social, sendo classificado em duas modalidades de sanções: uma em dor, *sanção repressiva,* aplicada no direito penal, e *sanção restitutiva,* que objetiva reparar as coisas como estavam, referente ao direito civil (1983, p. 34), de que voltaremos a falar em tópico mais adiante.

Max Weber (1864-1920) considerava que a forma de legitimidade mais corrente é a crença da legalidade: "a submissão a estatutos estabelecidos pelo procedimento habitual e *formalmente* correto" (2009, vol. 1, p. 23). A preocupação com a *legitimidade,* mais tarde foi enfocada por Habermas e por Luhmann, porém com a preocupação da retomada da valorização do conteúdo, por meio dos procedimentos jurídicos.[2] Weber deu o passo fundamental para o estudo do Poder Judiciário quando procurou estudar a instituição em função de seus grupos e atores principais. A burocracia para Weber não é vista como algo negativo, mas como uma estrutura necessária para a implementação da ação.

Sendo assim, o papel desempenhado pelo Estado nas modernas democracias ocidentais, acaba se constituindo em um elemento fundamental para o entendimento do sistema judiciário. Podemos conferir tal pensamento na citação abaixo:

> O Estado consiste em uma relação de dominação do homem sobre o homem, fundada no instrumento da violência legítima (isto é, considerada como legítima). O Estado só pode existir, portanto, sob condição de que os homens dominados se submetem à autoridade continuamente reivindicada pelos dominadores (2004, p. 57).
> O Estado moderno conseguiu, portanto, de maneira integral "privar" a direção administrativa, os funcionários e os trabalhadores burocráticos de quaisquer meios de gestão (…). (…) o Estado moderno expropriou todos os funcionários que, segundo o princípio dos "Estados" dispunham outrora, por direito próprio, de meios de gestão, substituindo-se a tais funcionários, inclusive no topo da hierarquia (2004, p. 62).

Nesse sentido, percebemos que os estudos de Durkheim e de Weber serviram de base para diversos estudiosos do direito, tanto no campo da filosofia e da ciência política como no da sociologia do direito.

---

2   Sobre comparação entre métodos das principais escolas, ver Alemão (2004).

Dentre os teóricos da sociologia do direito na atualidade, podemos citar os significativos estudos de Boaventura de Sousa Santos e de todos os sociólogos que compõem o *Observatório Permanente da Justiça* da Universidade de Coimbra. As múltiplas citações feitas neste livro comprovam a sua importância. Em Portugal, diversos projetos de lei são precedidos de pesquisas sociológicas encomendadas pelo Ministério da Justiça daquele país. Essa prática tem permitido uma maior interação entre o Poder Judiciário e os sociólogos.

3. O POSITIVISMO JURÍDICO E A SOCIOLOGIA DO DIREITO

Não resta dúvida que os teóricos da sociologia do direito se identificam com os teóricos não positivistas jurídicos,[3] principalmente com os juristas que buscam na sociedade as regras mais importantes ou mesmo com os que se utilizam dos métodos sociológicos. Todavia, entendemos ser possível até mesmo ao positivista jurídico aceitar o estudo da sociologia do direito. A resistência tem partido mais dos teóricos da sociologia do direito. É visível a existência de severas críticas empreendidas pelos sociólogos do direito em relação ao pensamento positivista jurídico. Por parte dos positivistas jurídicos, a tendência é estabelecerem um diálogo mais próximo à filosofia do direito, percebendo o próprio direito como uma ciência. Se o direito for considerado já como uma ciência, não ha-

---

3   Não se deve confundir positivismo jurídico com positivismo sociológico, este último cultuado pelos adeptos de Augusto Comte. O grande embate dos positivistas jurídicos foi contra os adeptos do direito natural. O positivismo jurídico vê as normas a partir de uma concepção de que são criadas apenas pelo homem, e a lei é eminentemente estatal, relacionada com a sanção. Diferente dos jusnaturalistas, que concebem que o direito (natural) independe de os homens criarem leis. A identificação do positivista com o "legalista" é uma forma mais antiga de conceber esse conceito. Rudolf Von Ihering (2005), o conhecido jurista alemão do século XIX, ao considerar o direito uma ciência, já procurava, desde logo, se afastar daquele positivismo preso ao texto da lei. Diria ele que o positivismo é o inimigo mortal da ciência do direito, pois como se poderia considerar uma ciência algo que mudaria com uma simples "penada" do legislador?

veria porque recorrer a outra ciência. Todavia, nada impede que alguém analise um objeto sob o ângulo de mais de uma ciência, o que se denomina método interdisciplinar. Na verdade, muito se tem feito sob o ângulo interdisciplinar, onde o analista adota diversas metodologias e técnicas advindas de outros ramos do saber, tais como: da filosofia do direito, da história do direito, da dogmática jurídica e da sociologia do direito.

Sobre esse aspecto Souto & Souto (2003, p. 43) afirmam:

> Os estudos sócio-jurídicos constituem um campo de conhecimento (abrangendo várias disciplinas, inclusive a Sociologia do Direito) e, ao mesmo tempo, tendem a ser um projeto interdisciplinar. A sociologia do direito é uma disciplina e se deveria abrir à interdisciplinaridade, se se deseja alargar seus horizontes e seu poder criativo.
>
> Repare-se que, se entendermos "ciência" em sentido lato como um conjunto ordenado de definições, classificações e princípios pertinentes a objetos correlacionados, a Sociologia Jurídica pode ser vista como uma das ciências jurídicas básicas, ao lado da chamada Dogmática Jurídica e da Filosofia do Direito. Entendida, porém, a palavra ciência em sentido estrito, (...) então a Sociologia Jurídica será uma disciplina especial da Sociologia.

Ciência do direito, ciência normativa, "jurisprudência" no sentido de ciência, ciência jurídica, e outras, são expressões que se equivalem: todas considerando o direito como uma ciência com pequenas diferenças. Comecemos por expor o pensamento de Kelsen (1881-1973) que vê o Direito (ou, mais precisamente, um sistema de normas ou ordem normativa) como o objeto da Ciência Jurídica. A análise positivista procura produzir uma teoria afastada das demais ciências (naturais, sociais etc.), criando uma própria, almejando existir sem a interferência de elementos políticos e ideológicos. Sendo assim, segundo este autor, para haver uma teoria realmente "pura" seria necessário afastar-se totalmente de influências externas. Já no prefácio à primeira edição da *Teoria Pura do Direito*, em 1934, Kelsen afirma: "Logo desde o começo foi meu intento elevar a Jurisprudência, que – aberta ou veladamente – se esgotava quase por completo em raciocínios de política jurídica, à altura de uma genuína ciência, de uma ciência do espírito".

Segundo Moraes Filho (1950, p. 207), para Kelsen seria impossível o estudo sociológico do direito: "A sua teoria pura do direito foi construída justamente com o firme propósito de combater a intromissão de qualquer dado de outra ciência na dogmática jurídica".

As principais críticas que se fazem a Kelsen é que ele, para encontrar a pureza das normas, dá demasiada importância à validade da norma, deixando de lado seu conteúdo (moral). Assim, a forma como é aprovada a lei, a hierarquia que ela se coloca frente às outras normas, são alguns temas que se sobrepõem à justiça enquanto conceito de valor. A norma jurídica, para Kelsen, estava intimamente relacionada com a obrigatoriedade da coação física.

Para ele, não interessa o que o homem pensa a respeito da lei. A lei é feita para avaliar se o homem a está cumprindo (um dever). Diferentemente pensa a sociologia do direito, posto que não há interesse nas "leis mortas" por não interferirem no meio social, como dito por Moraes Filho. Este autor (1950, p. 207) afirma que, para Kelsen, pouco importa se a norma é eficaz, sendo importante que seja válida. O problema da obediência à lei já faz parte do conceito de norma, pois se assim não fosse ela se transformaria em lei natural.

A dogmática jurídica, mesmo sendo positivista, é considerada como um dos alicerces mais próximos da sociologia do direito, conforme nos indica Boaventura Santos (1986, p. 11-12). Não se pode, assim, negar sua importância. No Brasil do século XX, mais precisamente a partir da década de 1930, são conhecidos os trabalhos jurídicos e sociológicos de Oliveira Vianna. Este autor atuou com maior intensidade na construção da Justiça do Trabalho, onde o tema mais polêmico versava sobre o poder normativo dessa justiça, que podia criar normas. Eis aí sua influência da sociologia. Seu livro *O problema do Direito Corporativo* (1938) sofreu muito mais influência do direito americano do que dos tratadistas italianos, como era de se esperar por ser um teórico do Estado Novo. Ele se colocava como um antifascista, muito embora suas propostas fossem dirigidas ao fortalecimento do Estado. A obra de Durkheim também influenciou os trabalhos de Oliveira Vianna. Entretanto, achamos que eles possuíam muitas divergências. Uma delas se refere à criação dos grupos profissionais. Enquanto Durkheim propunha que o próprio grupo profissional criasse suas regras profissionais e formas de organização, fortalecendo o Estado, para Vianna o próprio Estado deveria criar as tais regras para os trabalhadores, argumentando que isso seria necessário por conta do nosso atraso no campo da solidariedade social voluntária, que ele chamou de *insolidarismo*.

Moraes Filho foi outro teórico de destaque da literatura brasileira. Sempre foi crítico de Oliveira Vianna. Ao defender (1950, p. 221-222) a sociologia do direito como uma disciplina indispensável no curso de qualquer faculdade de Direito, frisa que não se trata do arquienvelhecido e infrutífero *estudo sociológico do direito*, usado por mais de um jurista, fazendo referência indireta a Vianna. Segundo Moraes, a sociologia do direito é uma disciplina sociológica especial:

> A sociologia geral estuda os processos sociais em cada setor da vida inter-humana, procurando concluir o que há de genérico em todos eles. A sociologia do direito se ocupa dos processos sociais no seu específico campo de cultura. Embora a ciência e a filosofia do direito possam construir o conceito de direito, dentro do tecnicismo e do auferimento a valores ideais, precisam recorrer à sociologia ante o complexo sócio-jurídico, para que lhes diga do que se trata o social desse complexo (1950, p. 222).

Moraes Filho afirma que, para a sociologia do direito, nem todo o direito positivo se encontra na lei e nas normas diretamente emanadas do Estado:

> Há costumes profissionais, acordos coletivos de trabalho, convenções coletivas, regulamentos de empresas, que contribuem para um verdadeiro direito espontâneo, não estatal que soluciona conflitos de interesses surgidos entre indivíduos ou grupos em cheque. Há uma organização permanente que dita normas, há sanções para quem não as cumpre. E que é isso, senão autentico fenômeno jurídico (p. 219-220).

Orlando Gomes (1995), autor de *A Crise do Direito,* diversamente de Moraes Filho, nega qualquer possibilidade de um direito feito à margem do Estado. Isso foi exposto com muita clareza em sua famosa tese de 1936 sobre convenções coletivas, quando critica a famosa tese de Gurvitch. Este admitia o pluralismo de ordens jurídicas e defendia um Direito Social *fora* do Estado. Segundo Gurvitch, as convenções coletivas eram normas criadas *fora* do Estado. Para Gomes (p. 160-176), este direito oscila em estar ou não fora do Estado, sendo que em um conflito entre uma norma convencional e uma lei do Estado, esta sairia triunfante.[4] Todavia, tanto Evaristo de Moraes Filho como Orlando

---

4   Ver mais sobre o assunto em Alemão (2009).

Gomes escreveram contra o autoritarismo do Estado Novo (1937-1945), cada um ao seu jeito. Souto & Souto (2003, p.113) ressaltam como marco na sociologia jurídica o livro *Sistema de Ciência Positiva de Direito*, de Pontes de Miranda, publicado em 1922. Para eles, este autor se desvia dos equívocos quer do racionalismo tecnicista de Weber, quer do socioespontaneismo de Ehrlich. Sua posição é de racionalidade científica e, racionalmente, de ênfase ao papel da ciência quanto ao direito.

4. DISTINÇÃO: SOCIOLOGIA DO DIREITO E SOCIOLOGIA JURÍDICA

Não é consenso a distinção entre a sociologia do direito e sociologia jurídica. Para alguns estudiosos, trata-se de sinônimo.[5] Souto & Souto, ao afirmarem que não distinguem os dois, ressaltam que as indagações sociojurídicas feitas por juristas ou sociólogos não justificariam uma diferença de denominação (p. 44). Outros autores não procuram destingui-las, como Evaristo de Moraes Filho e Miranda Rosa. Entretanto, pensamos que há diferença, porém muito mais histórica do que conceitual. Acompanhamos, em grande parte, a análise de Junqueira (1993).

A sociologia jurídica é uma disciplina que vem sendo ministrada nas universidades brasileiras desde que foi implantada na PUC de Pernambuco, em 1964 (JUNQUEIRA, 1993, p. 51). Em 1972, a sociologia passou a integrar o currículo mínimo de cursos jurídicos.[6] Para Junqueira, a institucionalização da sociologia do direito no campo das ciências sociais depende, basicamente, da disciplina conseguir diferenciar-se da "sociologia jurídica" (p. 16). A sociologia jurídica objetiva, a partir de diferentes perspectivas e programas diversos, desenvolver uma "consciência crítica" no estudante de direito. Não consegue, no entanto, se firmar como disciplina reconhecida

---

5   Para Souto & Souto: "Sociologia jurídica ou sociologia do direito é uma disciplina científica que investiga, através de métodos e técnicas de pesquisa empírica (isto é, pesquisa baseada na observação controlada dos fatos), o fenômeno social jurídico em correlação com a realidade social" (2003, p. 42).

6   Resolução nº 3 do Conselho Federal de Educação, segundo Barbosa. (2010, p. 207).

pelos juristas, nem pelos sociólogos, que percebem claramente que a disciplina não trabalha a partir de critérios de validade das ciências sociais (p. 49-50).

Segundo Junqueira (p. 51-52) a sociologia jurídica foi constituída por professores "de jeans", em oposição aos de "terno e gravata". Mais preocupados em criticar o discurso nativo e em transformar práticas vigentes no campo, do que compreender a estruturação e o funcionamento desse campo, esses discursos acabaram se transformando em contradiscursos. Assim, ainda segundo esta autora (p. 56), a expressão sociologia jurídica parece mais apropriada para designar uma disciplina que apenas objetiva introduzir uma visão sociológica na análise do direito, despertando no aluno uma consciência crítica em relação à ordem jurídica. Ou seja, uma disciplina que objetiva "abrir a cabeça" dos alunos.

Duas principais correntes antidogmáticas foram criadas, a Associação Latino-Americana de Metodologia do Ensino do Direito (Almed) e a Nova Escola Jurídica Brasileira (Nair). A primeira, criada em 1974, teve como principal teórico Luiz Alberto Warat, e a outra encontrou em Roberto Lyra Filho seu principal teórico. Este propunha defender o humanismo dialético e transformar o direito de instrumento de dominação em instrumento de libertação (JUNQUEIRA, p. 47).

Roberto Lyra Filho sintetiza sua concepção humanista dialética em nove pontos (JUNQUEIRA, p. 48):

1. o direito não se limita ao aspecto interno do processo histórico;
2. o direito reproduz uma relação entre povos oprimidos e espoliados;
3. toda a sociedade (inclusive a socialista) fundamenta-se em uma dialética jurídica estabelecida a partir da cisão de classes;
4. a organização social pode ser legítima ou ilegítima, espoliativa, opressora;
5. o controle social global produz a organização social militante;
6. esta organização social militante significa um poder dual (isto é, mais um poder social na dialética do conflito);
7. a coexistência conflitual de norma jurídicas dentro da estrutura social (pluralismo dialético) leva à atividade anônima (da contestação), à medida que grupos e classes dominantes procuram o reconhecimento de suas formações contrainstitucionais em desafio às normas dominantes (anomia);
8. este projeto pode ser reformista ou revolucionário;
9. a cada instante, estes conflitos determinam a síntese jurídica, expressa pelos direitos humanos.

Luiz Alberto Warat, assim resumiu os oito objetivos da Almed (JUNQUEIRA, p. 44-46):

a) rever o conceito tradicional da ciência do direito, demonstrando como a partir e um discurso organizado em nome da verdade e da objetividade desvirtuam-se os conflitos sociopolíticos, que se apresentam com relações individuais e harmonizáveis pelo direito;
b) questionar as concepções juridicistas sobre a lei e a coerção, através das quais são apresentadas as formas jurídicas estatais como instrumentos de caráter técnico e as relações jurídicas com um sentimento específico *a priori*, que afasta a compreensão de sua fundamentação nas relações sociais;
c) negar a visão reduzionista que apreende o direito como um discurso punitivo, moralmente comandado, negligenciando, assim, a explicação de como as formas jurídicas influenciam na organização de um determinado tipo de relações de produção, econômicas, políticas e ideológicas (...).
d) denunciar as funções políticas e ideológicas das concepções jurídicas sobre o Estado, que implicam a separação da sociedade civil e política, a partir da falácia de separação do interesse particular e geral, da separação do direito e da política e do estabelecimento da primazia da lei como garantia dos indivíduos.
e) propor uma inversão da razão jurídica dominante, que estabelece uma análise juridicista e não política do Estado, para situar-nos, substitutivamente, frente a um discurso que pretende falar politicamente do direito;
f) tentar estudar (recolocar) os efeitos sociais do dito, do calado, do reprimido, do que somos forçados a dizer ou interpretar a partir da cultura juridicista (que inclusive extrapola as atividades específicas dos juristas de ofício);
g) criar uma consciência participativa que permita aos diferentes juristas de ofício engajarem-se competentemente nos múltiplos processos decisórios, como fatores de intermediação das demandas da sociedade e não como agentes do Estado (...).
h) modificar as práticas tradicionais da pesquisa jurídica a partir de uma crítica epistemológica das teorias dominantes, de suas contradições internas e de seus efeitos ideológicos, com relação aos fenômenos que pretende organizar e explicar (...);
i) proporcionar, nas escolas de direito, um instrumental pedagógico adequado para que os estudantes possam adquirir um modo diferente de agir, pensar e sentir, a partir de uma problemática discursiva que tente mostrar não apenas a vinculação do direito com as relações de

poder, mas também o papel das escolas de direito como produtoras de ideias e representações, que logo se entrelaçarão na atividade social como um valor *a priori*, pleno de certezas e dogmatismos (...).

Embora o curso de sociologia jurídica tenha se desenvolvido em função da resistência ao autoritarismo, sendo até simbólico seu surgimento em 1964, a sua reivindicação era antiga. Já em 1922, no prefácio da sua *Sociologia Jurídica*, queixava-se o professor Queiroz Lima "da falta, que sofrem os nossos cursos de uma cadeira propedêutica de sociologia geral". Evaristo Moraes Filho, que relatou esse fato, também em seu prefácio ao *O Problema de uma Sociologia do Direito* de 1950, afirma que a queixa daquele teórico continuava de pé. O livro de Moraes Filho ainda hoje é um dos mais completos, e mostra como a preocupação do estudo da sociologia é importante para o direito.

Outro grande jurista brasileiro que defendeu a sociologia nos cursos jurídicos foi Orlando Gomes. Na I Conferência Nacional da OAB, realizada em agosto de 1958,[7] foi apresentada a proposição pelo famoso jurista baiano, Orlando Gomes, sob o título *Reestruturação do curso jurídico, em função da realidade contemporânea do País – Criação da cadeira de Deontologia e ensino prático de Direito*.[8] Nela se propunha um curso especial (o pré-jurídico), nos moldes de um "concurso de habilitação" (p. 221), para quem realmente quisesse advogar, considerando que nem todos os bacharéis exerciam a profissão. Indagado sobre que matéria deveria ser dada neste curso, Orlando respondeu que seria "Sociologia" (p. 229).

Se na década de 1960, de uma forma ou de outra, a sociologia ("jurídica" ou "do direito") chegou às faculdades, como luta da OAB ou dos professores "de jeans", agora ela chegou também aos concursos da magistratura, como fruto da criação do CNJ. Devo destacar que Joaquim de Arruda Falcão Neto, um dos expoentes da nova geração de estudiosos do direito, da educação e da reforma do Judiciário integrou o CNJ como representante do Senado de 2005 a 2009.

---

7   Anais da I Conferência Nacional da OAB de 1958 (publicação interna da OAB).

8   O próprio Orlando Gomes foi contra a criação de uma cadeira de deontologia (p. 232), termo que constava no título do trabalho apresentado na I Conferência. Propôs que a deontologia devia "constituir objeto de preleção durante o período reservado ao ensino prático", o que foi aceito e por isso a proposição inicial foi modificada.

PARTE 1

Sociologia da administração judiciária

1. ASPECTOS GERENCIAIS DA ATIVIDADE JUDICIÁRIA (ADMINISTRAÇÃO E ECONOMIA). GESTÃO. GESTÃO DE PESSOAS

1.1. Aspecto geral da sociologia da administração judiciária

A Resolução nº 75 do Conselho Nacional de Justiça prioriza, no seu tópico sobre a sociologia do direito, o estudo da instituição judiciária, enfocando tanto os seus aspectos internos quanto externos. No aspecto interno, referente à administração judiciária, foi dada grande ênfase à questão do gerenciamento, acarretando um aumento de atribuições às funções dos juízes. O forte delineamento entre o que seja jurisdicional e administrativo reduziu bastante após a criação do próprio CNJ.

Pelo enfoque externo, a resolução do CNJ dá destaque à relação da instituição judiciária com a opinião pública, as forças atuantes na sociedade e até as possibilidades de sistemas não judiciais de composição de litígios, o que chega até a extrapolar o âmbito da própria instituição.

A sociologia do direito tem por objeto o próprio direito. Alguns estudos da sociologia do direito estão voltados mais diretamente para o estudo do perfil dos juízes, outros para o estudo de suas instituições, como o acesso aos tribunais e sua importância na sociedade, outros para a criação das normas jurídicas pelos legisladores e de jurisprudência pelos tribunais, outros para os seus rituais do processo judicial, neste último caso, pesquisado pela antropologia jurídica.

No capítulo 4, estes aspectos serão abordados de forma pormenorizada, onde perceberemos a questão da crise da administração da justiça, fruto da explosão de litigiosidade e que iniciou uma preocupação pelo acesso à justiça.

Segundo os estudos desenvolvidos pelo Observatório Permanente da Justiça Portuguesa da Universidade de Coimbra (2006), em pesquisas organizadas por Conceição Gomes e sob a direção científica de Boaventura de Sousa Santos,[9] podemos destacar alguns aspectos desse processo de reformulação do Poder Judiciário:

> Em geral é possível agrupar as reformas da justiça em quatro tipos: reformas processuais; reformas relativas à administração governamental, gestão e organização do sistema de justiça; desjudicialização, descriminalização de certas condutas e criação de meios alternativos de resolução de litígios; e, mais recentemente, reformas especialmente dirigidas ao aumento da qualidade e da transparência dos sistemas de justiça. O princípio que está subjacente a estas últimas reformas é o de que nas sociedades democráticas, as organizações judiciais devem, tal como outras organizações do Estado, sujeitar-se a um processo de avaliação externa e de prestação de contas.
> Se até a década de 1990 do século XX, passado as reformas processuais assumiram especial centralidade na tentativa de resposta à chamada "crise da justiça", o contínuo crescimento do volume e da complexidade dos litígios rapidamente mostrou, não só a sua insuficiência, mas, ainda, a necessidade de introdução de outro tipo de reformas estruturais, fundamentais para o seu sucesso. Assim, nos anos mais recentes, vários países passaram a dar especial atenção às reformas no âmbito da administração e gestão da justiça, em especial dos tribunais judiciais, consideradas como um instrumento central para a resolução da "crise da justiça". Na ver-

---

9 Boaventura de Sousa Santos (diretor científico) e Conceição Gomes (coord). Novembro 2001 *Administração e gestão da justiça – análise comparada das tendências de reforma*. Disponível em: <http://opj.ces.uc.pt/pdf/5.pdf>. Acesso em: dez. 2006. *Como gerir os tribunais? Análise comparada de modelos de organização e gestão da justiça*. Disponível em: <http://opj.ces.uc.pt/pdf/Como_gerir_os_tribunais.pdf>. Acesso em: abr. 2008. *Para um novo judiciário: qualidade e eficiência na gestão dos processos cíveis*. Disponível em: <http://opj.ces.uc.pt/pdf/para_um_novo_judiciario.pdf>.

dade, os tribunais são generalizadamente apontados como uma das organizações mais burocráticas do Estado. E a burocracia da sua organização e funcionamento como um forte fator de bloqueio ao aumento da sua eficácia, eficiência e qualidade. Naturalmente que o incremento daquelas reformas está em consonância com a adoção de uma nova concepção da administração pública, assente no abandono do modelo burocrático e na adoção dos modelos gestionário e da qualidade total.

Segundo os autores, o tradicional modelo de administração burocrática hierárquico e centralizado, é composto de funcionários admitidos por concursos públicos. À administração cabe apenas implementar as políticas traçadas pelas cúpulas políticas voltadas para os interesses gerais.

Já o modelo gestionário surge nas últimas décadas do século XX, se propondo a fragmentar as unidades administrativas, incentivar a competição, destacando competições entre funcionários e setores; privatização de certos setores, terceirizando outros, enfim, introduzindo na administração pública mecanismos de mercado. Os cidadãos, nesse sentido, passam a ser vistos como consumidores. Os funcionários, por sua vez, não são revestidos de poder, mas assumem o papel de vendedores de produtos. É o modelo da Defesa da Gestão pela Qualidade Total (*Total Quality Management – TQM*).

O Projeto *Thémis*, realizado na Bélgica, em 2005, é citado pelos autores (2006) como um exemplo de reforma judiciária. Segundo o governo Belga, o princípio fundamental que está na base desta reforma da gestão da organização judiciária é o da independência do Poder Judiciário. Segundo estudos do Observatório Permanente – já citados por nós –, para além de todas as garantias tradicionais da independência do Judiciário (os regimes de inamovibilidade e de irresponsabilidade) o executivo belga entendeu que as críticas respeitantes à morosidade, falta de eficácia e à falta de transparência da justiça mereciam uma resposta que tornasse clara a responsabilidade por todas as disfunções existentes. Assim, construiu-se um projeto de reforma que visa à transferir do Poder Executivo para o próprio Poder Judiciário as competências de gestão e do funcionamento do sistema judiciário. Dessa forma, o Poder Judiciário teria novos poderes de auto-organização e de autogestão e, consequentemente, teria novos deveres de transparência e de informação aos cidadãos. Esta nova estrutura teria, nas palavras do governo belga, a vantagem, por um lado, de dar aos juízes, aos magistrados do Ministério Público e aos secretários de justiça, experiência na gestão cotidiana de uma organização complexa com meios claramente definidos e, por outro, de aproximar a gestão dos tribunais dos cidadãos impondo, em contrapartida, um distanciamento do governo da gestão do Poder Judiciário.

Em Portugal, a Reforma da Execução de 2003, por meio da desjudicialização e desjurisdicionalização fez parte desse processo maior (ver ALEMÃO, 2007). Segundo Lebre de Freitas (2001, p. 543-545 e 550-552), "fala-se de *desjudicialização* quando o tribunal não tem de intervir e de *desjurisdicionalização* quando, dentro do tribunal, é dispensada a intervenção do juiz".

Os motivos oficialmente apresentados para a Reforma da Execução portuguesa de 2003 foram basicamente três: adequar o país às diretrizes da União Europeia, tornar o processo menos custoso e combater a morosidade processual. O caminho utilizado para se atingir estes objetivos foi a promulgação de leis para alterar o Código de Processo Civil e o Estatuto dos Solicitadores, criando-se a nova profissão de Solicitador de Execução. Porém, para além destes motivos oficiais apresentados, a Reforma de 2003 beneficiou o "grande consumidor" (o investidor) – que visualiza a justiça como artigo de consumo – e passou a ameaçar o "pequeno consumidor" (de artigos de uso próprio), que não deixa de ser um potencial devedor.

A desjudicialização portuguesa, que atingiu a execução, passou a exigir a contratação do trabalho do solicitador de execução exatamente da mesma forma como se paga por um serviço prestado por um profissional liberal, embora com tabela de preços. A execução passou a ser, definitivamente, mais uma prestação de serviços cuja eficiência depende de acerto de honorários. Além da necessidade de se adequar às normas correntes na União Europeia, a Reforma de 2003 atendeu também à atual política do governo de reduzir substancialmente o quadro de funcionários públicos. No estudo do Observatório Permanente de Pedroso e Cruz (2001), onde se propõe a reforma, um dos motivos apresentados para o surgimento da nova profissão de solicitador de execução é o de "aliviar o orçamento do Estado, através de delegação de uma atividade de Estado em profissões independentes" (p. 184).

1.2. O Brasil a partir da reforma de 2004

O Brasil não realizou uma reforma exatamente nos moldes da reforma portuguesa com a privatização de parte do Judiciário, mas, sim, preferiu mudar a cúpula da administração da justiça, objetivando a implementação das reformas. Em nosso entender, faltou um pouco de participação democrática, fato que a tornaria mais legítima.

A Emenda Constitucional nº 45, de 2004, forneceu as condições para a Reforma Judiciária. O ponto central foi a criação do Conselho Nacional de Justiça (CNJ), um órgão que faz parte do Poder Judiciário (art. 92, I-A da CF). Não houve qualquer mudança na estrutura dos tribunais, apenas foi criado mais um órgão com a missão de implementar a reforma. Isso, de certa forma, evitou maior resistência por parte dos juízes, que não tiveram seus cargos e privilégios jurisdicionais afetados.

Na forma do art. 103-B da CF, o Conselho Nacional de Justiça compõe-se de quinze membros com mais de trinta e cinco e menos de sessenta e seis anos de idade, com mandato de dois anos, admitida uma recondução, sendo:

I – Um ministro do Supremo Tribunal Federal, indicado pelo respectivo tribunal;

II – Um ministro do Superior Tribunal de Justiça, indicado pelo respectivo tribunal;

III – Um ministro do Tribunal Superior do Trabalho, indicado pelo respectivo tribunal;

IV – Um desembargador de Tribunal de Justiça, indicado pelo Supremo Tribunal Federal;

V – Um juiz estadual, indicado pelo Supremo Tribunal Federal;

VI – Um juiz de Tribunal Regional Federal, indicado pelo Superior Tribunal de Justiça;

VII – Um juiz federal, indicado pelo Superior Tribunal de Justiça;

VIII – Um juiz de Tribunal Regional do Trabalho, indicado pelo Tribunal Superior do Trabalho;

IX – Um juiz do trabalho, indicado pelo Tribunal Superior do Trabalho;

X – Um membro do Ministério Público da União, indicado pelo Procurador-Geral da República;

XI – Um membro do Ministério Público estadual, escolhido pelo Procurador-Geral da República dentre os nomes indicados pelo órgão competente de cada instituição estadual;
XII – Dois advogados, indicados pelo Conselho Federal da Ordem dos Advogados do Brasil;
XIII – Dois cidadãos, de notável saber jurídico e reputação ilibada, indicados um pela Câmara dos Deputados e outro pelo Senado Federal.

Observa-se que estes quatro últimos membros não fazem parte do Poder Judiciário.

Conforme § 4º do novo art. 103-B da Constituição Federal de 1988, compete ao Conselho o controle da atuação administrativa e financeira do Poder Judiciário e do cumprimento dos deveres funcionais dos juízes, cabendo-lhe, além de outras atribuições que lhe forem conferidas pelo Estatuto da Magistratura.

Logo que constituído, o CNJ passou a implementar uma quantidade significativa de iniciativas, principalmente por meio de resoluções, atos e portarias, tratando de temas como promoções de juízes, código de ética do juiz, concurso público, gestão, e praticamente tudo que diz respeito à administração, e, por vezes, a temas muito próximos da própria jurisdição, como ocorreu com as campanhas de conciliação.

As iniciativas do CNJ seguem, em geral, muitos dos objetivos calcados na sociologia da administração da justiça, dando destaque à preocupação da celeridade efetivada por meio de metas. As 10 metas, conforme ANEXO II da Resolução nº 70 do CNJ são:

1. desenvolver e/ou alinhar planejamento estratégico plurianual (mínimo de cinco anos) aos objetivos estratégicos do Poder Judiciário, com aprovação no Tribunal Pleno ou Órgão Especial;
2. identificar e julgar todos os processos judiciais distribuídos (em 1º, 2º grau ou tribunais superiores) até 31/12/2005;
3. informatizar todas as unidades judiciárias e interligá-las ao respectivo tribunal e à rede mundial de computadores (internet);
4. Informatizar e automatizar a distribuição de todos os processos e recursos;
5. implantar sistema de gestão eletrônico da execução penal e mecanismo de acompanhamento eletrônico das prisões provisórias;

6. capacitar o administrador de cada unidade judiciária em gestão de pessoas e de processos de trabalho, para imediata implantação de métodos de gerenciamento de rotinas;
7. tornar acessíveis as informações processuais nos portais da rede mundial de computadores (internet), com andamento atualizado e conteúdo das decisões de todos os processos, respeitado o segredo de justiça;
8. cadastrar todos os magistrados nos sistemas eletrônicos de acesso a informações sobre pessoas e bens e de comunicação de ordens judiciais (Bacenjud, Infojud, Renajud);
9. implantar núcleo de controle interno;
10. implantar o processo eletrônico em parcela de suas unidades judiciárias.

No Terceiro Encontro Nacional do Judiciário, realizado em 26 de fevereiro de 2010, em São Paulo (SP), conforme notícia publicada no site do CNJ,[10] os 91 tribunais brasileiros traçaram as 10 metas prioritárias que o Judiciário deveria atingir no ano de 2010. Proporcionar maior agilidade e eficiência à tramitação dos processos, melhorar a qualidade do serviço jurisdicional prestado e ampliar o acesso do cidadão brasileiro à justiça continuam como focos a serem atingidos. A meta nº 2 previa o julgamento de todos os processos de conhecimento distribuídos (em 1º grau, 2º grau e tribunais superiores) até 31 de dezembro de 2006, e dos processos trabalhistas, eleitorais, militares e da competência do Tribunal do Júri, até 31 de dezembro de 2007. As metas nº 1 e nº 3 também buscam reduzir o estoque de processos, dando mais agilidade e eficiência à prestação jurisdicional. A meta nº 1 consiste em julgar, em 2010, quantidade igual à de processos de conhecimento distribuídos este ano, mais uma parcela do estoque acumulado. A meta nº 3, por sua vez, visava à reduzir a pelo menos 10% o acervo de processos na fase de cumprimento ou de execução e, a 20%, o acervo de execuções fiscais. As novas metas definidas no 3º Encontro Nacional do Judiciário, ocorrido em fevereiro de 2010, são as seguintes:

a) **Meta 1:** julgar quantidade igual à de processos de conhecimento distribuídos em 2010 e parcela do estoque, com acompanhamento mensal;

---

10 Disponível em: <http://www.cnj.jus.br/index.php?option=com_content&view=article&id=10350&Itemid=1125>.

b) Meta 2: julgar todos os processos de conhecimento distribuídos (em 1º grau, 2º grau e tribunais superiores) até 31 de dezembro de 2006 e, quanto aos processos trabalhistas, eleitorais, militares e da competência do Tribunal do Júri, até 31 de dezembro de 2007;

c) Meta 3: reduzir em pelo menos 10% o acervo de processos na fase de cumprimento ou de execução e, em 20%, o acervo de execuções fiscais (referência: acervo em 31 de dezembro de 2009);

d) Meta 4: lavrar e publicar todos os acórdãos em até 10 dias após a sessão de julgamento;

e) Meta 5: implantar método de gerenciamento de rotinas (gestão de processos de trabalho) em pelo menos 50% das unidades judiciárias de 1º grau;

f) Meta 6: reduzir a pelo menos 2% o consumo per capita com energia, telefone, papel, água e combustível (ano de referência: 2009);

g) Meta 7: disponibilizar mensalmente a produtividade dos magistrados no portal do tribunal;

h) Meta 8: promover cursos de capacitação em administração judiciária, com no mínimo 40 horas, para 50% dos magistrados;

i) Meta 9: ampliar para 2 Mbps a velocidade dos links entre o Tribunal e 100% das unidades judiciárias instaladas na capital e, no mínimo, 20% das unidades do interior;

j) Meta 10: realizar, por meio eletrônico, 90% das comunicações oficiais entre os órgãos do Poder Judiciário.[11]

A Resolução nº 70 do CNJ, de 18 de março de 2009, dispõe sobre o PLANEJAMENTO e a GESTÃO ESTRATÉGICA no âmbito do Poder Judiciário e dá outras providências.[12] A Resolução estabelece:

---

11 Disponível em: <http://www.cnj.jus.br/index.php?option=com_content&view=article&id=10350&Itemid=1125>.

12 Disponível em: <http://www.cnj.jus.br/index.php?option=com_content&view=article&id=7024:resolucao-no-70-de-18-de-marco-de-2009&catid=57:resolucoes&Itemid=852>.

I – *Missão*: realizar justiça

II – *Visão*: ser reconhecido pela sociedade como instrumento efetivo de justiça, equidade e paz social (ter credibilidade e ser reconhecido como um Poder célere, acessível, responsável, imparcial, efetivo e justo, que busca o ideal democrático e promove a paz social, garantindo o exercício pleno dos direitos de cidadania).

III – *Atributos de valor judiciário para a sociedade*:
a) credibilidade;
b) acessibilidade;
c) celeridade;
d) ética;
e) imparcialidade;
f) modernidade;
g) probidade:
h) responsabilidade social e ambiental;
i) transparência.

IV – *15 (quinze) objetivos estratégicos*, distribuídos em oito temas:
a) Eficiência operacional:

Objetivo 1. Garantir a agilidade nos trâmites judiciais e administrativos;

Objetivo 2. Buscar a excelência na gestão de custos operacionais;

b) Acesso ao sistema de justiça:

Objetivo 3. Facilitar o acesso à justiça;

Objetivo 4. Promover a efetividade no cumprimento das decisões;

c) Responsabilidade social:

Objetivo 5. Promover a cidadania;

d) Alinhamento e integração:

Objetivo 6. Garantir o alinhamento estratégico em todas as unidades do Judiciário;

Objetivo 7. Fomentar a interação e a troca de experiências entre tribunais nos planos nacional e internacional;

e) Atuação institucional:

Objetivo 8. Fortalecer e harmonizar as relações entre os poderes, setores e instituições;

Objetivo 9. Disseminar valores éticos e morais por meio de atuação institucional efetiva;

Objetivo 10. Aprimorar a comunicação com públicos externos;

f) Gestão de pessoas:

Objetivo 11. Desenvolver conhecimentos, habilidades e atitudes dos magistrados e servidores;

Objetivo 12. Motivar e comprometer magistrados e servidores com a execução da estratégia;

g) Infraestrutura e tecnologia:

Objetivo 13. Garantir a infraestrutura apropriada às atividades administrativas e judiciais;

Objetivo 14. Garantir a disponibilidade de sistemas essenciais de tecnologia de informação;

h) Orçamento:

Objetivo 15. Assegurar recursos orçamentários necessários à execução da estratégia.

A *missão* de realizar a justiça consiste, conforme Anexo I da Resolução, em: "fortalecer o Estado Democrático e fomentar a construção de uma sociedade livre, justa e solidária, por meio de uma efetiva prestação jurisdicional".

A *visão* de futuro consiste em: "ter credibilidade e ser reconhecido como um Poder célere, acessível, responsável, imparcial, efetivo e justo, que busca o ideal democrático e promove a paz social, garantindo o exercício pleno dos direitos de cidadania".

Pelo *Mapa Estratégico do Poder Judiciário* (Anexo I da Resolução nº 70 do CNJ), a missão, a visão e os atributos (itens I, II e III), fazem parte da estratégia voltada para a *sociedade*. Trata-se aqui de prestar contas à sociedade em geral. Já os 15 objetivos estratégicos do item IV fazem parte da estratégia voltada para os *processos internos*, dando a prestação de serviços desejada aos que procuram o Poder Judiciário.

O *Mapa*, após dividir as estratégias para a sociedade e os processos internos, apresenta ainda o terceiro nível, o de recurso. Neste campo é que está inserida a *gestão de pessoas, infraestrutura tecnológica* e *orçamento*.

1.3. Gestão de pessoas

No tópico sobre *gestão de pessoas*, há duas grandes preocupações:
a) desenvolver conhecimentos, habilidades e atitudes dos magistrados e servidores;
b) motivar e comprometer magistrados e servidores com a execução da estratégia.

No item "a" são apresentadas as seguintes *linhas de ação*: gestão e execução da estratégia; gestão administrativa; gestão de projetos; conhecimentos jurídicos; sistemas de TI (tecnologia da informação) e estatística. São, ainda, sugeridas algumas *ações*: aperfeiçoar e capacitar continuamente magistrados e servidores em conhecimentos jurídicos e interdisciplinares; capacitar magistrados e servidores na utilização do processo eletrônico e demais sistemas de TI; capacitar magistrados e servidores em gestão e execução da estratégia, gestão administrativa, de pessoas, de projetos; capacitar magistrados e servidores em produção e análise de estatística; capacitar servidores na alimentação dos sistemas processuais, para que reflitam com exatidão o andamento do processo; promover cursos de capacitação em atendimento ao público; acompanhar e avaliar a eficácia de treinamentos por intermédio de pesquisas e índice de alcance dos objetivos estratégicos; capacitar em gestão por competências, de modo a incentivar o melhor aproveitamento das habilidades; fomentar o uso dos instrumentos de educação à distância; incentivar a mudança cultural gerada pela desmaterialização do processo judicial e administrativo; priorizar o ensino a distância viabilizando a capacitação de um número maior de servidores.

No item "b" são apresentadas as seguintes *linhas de ação*: comunicação interna; cultura orientada a resultados; qualidade de vida; clima organizacional; reconhecimento da criatividade e proatividade. São, ainda, sugeridas algumas *ações*: desenvolver plano de comunicação interna sobre a estratégia para explicar o papel de cada servidor no alcance dos objetivos e os benefícios de sua implementação; realizar pesquisa sobre clima organizacional para medir o grau de aprovação de magistrados e servidores (conhecimento do tribunal, motivação, qualidade, administração, infraestrutura, relacionamento interpessoal e comunicação); fomentar, difundir e valorizar práticas inovadoras, criativas e proativas; realizar atividades que desenvolvam a identidade institucional e o comprometimento com a solução dos desafios; aperfeiçoar programas de valorização dos recursos humanos, inclusive com estímulos a desempenhos; implantar plano de carreira; desenvolver programa de gestão de pessoas com assistência preventiva médica, social e odontológica; criar estímulos de permanência de magistrados e servidores nas unidades judiciárias de difícil provimento; valorizar os magistrados e servidores de primeira instância; equilibrar as condições de trabalho no primeiro e segundo graus, adequando-as proporcionalmente às necessidades e demandas.

1.4. O que se espera de um juiz? Formação humanística

Qual o perfil que a sociedade deseja do juiz? O que ele deve ou não fazer vem sendo exposto cada vez mais por sociólogos, filósofos, economistas, juristas e psicólogos, que partem de preocupações diversas. São enormes as exigências práticas, teóricas e técnicas sobre os magistrados. Parece que faz muito tempo que prevalecia a opinião de que o juiz era um mero aplicador da lei num caso concreto, exigindo dele apenas raciocínio de técnica processual. Hoje, se estabelecem paradigmas de juízes, tais como: "juiz-gestor", "juiz rebelde", "juiz Hermes", "juiz ativo" etc., de que falaremos adiante.

É preciso, antes de tudo, dividirmos duas formas de avaliação dos juízes, embora elas se confundam em muitos momentos. Uma é a avaliação feita pela sociedade, pelos sociólogos, teóricos e filósofos, a mídia, a opinião pública. A outra é aquela feita pela própria instituição judiciária. Essa última forma de avaliação é que foi extremamente desenvolvida desde a EC nº 45, de 2004. As regras para os concursos públicos, as regras para as Escolas da Magistratura, regras para promoção na carreira, dentre outras, demonstram essa nova preocupação do CNJ, que em um sentido maior não deixa de ser da sociedade, porém sob expectativas distintas.

A sociologia do direito, ao estudar o juiz, observa que o quadro de cidadãos que exercem esta função pública muda em decorrência das exigências sociais, do que se espera de um juiz, da estrutura do Estado e a forma como ele é investido no cargo. O surgimento dos estados providência e, depois, o aparecimento do concurso público são, por exemplo, dois importantes fatores, embora eles não sejam os únicos.

No antigo Estado mínimo liberal se exigia dos juízes maior preocupação com as lides individuais e privadas, quase sempre oriundas de relações contratuais ou familiares. O sistema de nomeação de juízes era o normal, o que tornava os juízes extremamente vinculados ao Poder Executivo, por vezes atuando quase como um braço do governo ou de grupos dominantes locais. Era o oposto da judicialização, pois não havia choque entre os poderes. Até 1871, o judiciário brasileiro também tinha a função de poder de polícia. No início da República só os juízes federais[13] tinham as prerrogativas de vitaliciedade, inamovibilidade e irredutibilidade de vencimentos. Algumas decisões do Supremo Tribunal as estendiam aos juízes estaduais, o que só foi confirmado pela reforma constitucional de 1926, fatos que são bem relatados no livro clássico de Victor Nunes Leal (1975) *Coronelismo, Enxada e Voto*.

As mudanças de lides também exigiram dos juízes novas especialidades que, em alguns casos, foram acompanhadas de mudanças na estrutura do Poder Judiciário, como o surgimento do direito do trabalho e da Justiça do Trabalho, na década de 1940. Os conflitos trabalhistas deram origem às lides judiciais coletivas (poder normativo da Justiça do Trabalho). Na década de 1960, com a explosão de litigiosidade[14] que ocorreu no mundo ocidental, novos tipos de demandas coletivas surgiram, como as que envolviam os direitos das mulheres, e das chamadas "minorias". Temas que diziam respeito à estrutura da sociedade, como divórcio, aborto e consumo foram discutidos não só nos meios jurídicos, mas também através dos meios de comunicação, como o rádio e a TV. Novos instrumentos judiciais só foram introduzidos no Brasil na década de 1990, com a regulamentação das ações civis públicas (1985) e, depois, com a criação dos juizados especiais na década de 1990.

Um passo foi dado no Brasil, de forma recente, com a EC nº 45, de 2004, sendo significativa a criação do CNJ, após longa e intensa discussão sobre a viabilidade ou não de um poder externo que controlasse o Poder Judiciário. Esse novo órgão foi criado como um meio termo entre as duas fortes opiniões: de um lado, a que negava qualquer controle ex-

---

13   Os juízes federais foram extintos em 1937, durante o Estado Novo, sendo que na Ditadura Militar, em 1965, pelo AI nº 2, e Lei nº 5.010 de 1966, foram criadas varas federais com indicação de seus membros sem concurso público.

14   Trataremos desse tema no capítulo 4.

terno, e, do outro, a que propunha um órgão composto e escolhido por membros totalmente fora do Poder Judiciário. O CNJ é formado por membros de diversas origens, muito embora seja presidido pelo presidente do STF, como já relatamos.

Atualmente o CNJ procura mudar o perfil dos juízes, a começar pela política de uniformização. Embora não se discuta qualquer mudança na existência dos atuais tribunais e suas cortes (aspecto da instituição enquanto órgão), se implementa radical mudança no sentido de uniformizar a carreira e os procedimentos administrativos. Citamos algumas importantes regras criadas pelo CNJ, especificamente para a magistratura:

1. Regras para concurso (Resolução nº 75 do Conselho Nacional de Justiça – CNJ, de 12 de maio de 2009);
2. Código de Ética do Magistrado (Aprovado na 68ª Sessão Ordinária do Conselho Nacional de Justiça, do dia 06 de agosto de 2008, nos autos do Processo nº 200820000007337);
3. Regra de promoções (Resolução nº 106 de 6.4.2010, que revogou a Resolução nº 6 de 13.9.2005).

Também os tribunais nacionais e regionais seguem as mesmas diretrizes. Campanhas são desencadeadas, onde são cobrados resultados quantitativos. Os métodos estatísticos, facilitados com os meios informáticos, vêm servindo como critérios de avaliação. Por vezes a qualidade acaba sendo uma decorrência da quantidade. Buscar um equilíbrio entre quantidade e qualidade é um desafio atual.

Devemos observar que há hoje em andamento uma enorme transformação nas exigências feitas ao juiz, não só no ingresso da magistratura, mas periodicamente com levantamentos de dados estatísticos sobre seu desempenho. Se o perfil do juiz até algum tempo atrás era a de um profundo conhecedor das questões jurídicas, fundamentalmente um intérprete da lei, aquele que basicamente fazia a ponte entre as normas jurídicas e o caso concreto (litígio), hoje se exige dele qualidades administrativas e técnicas de informática. As cobranças feitas pelos canais superiores fazem com que o juiz seja bem mais disciplinado, assim como preocupado com sua imagem perante os órgãos que coletam dados estatísticos e avaliadores.

A Resolução nº 75 do CNJ exige uma formação humanística do juiz. Essa mudança não ocorre só em relação ao magistrado, mas também ao próprio estudante e profissional de direito. Os currículos universitários já expressam essa preocupação, exigindo professores com novos perfis. Se isso não bastasse, também estão sendo incentivadas escolas de magistrados, criadas pelas próprias instituições judiciárias.

Para ser implementada essa mudança de perfil do juiz, duas etapas são fundamentais: aperfeiçoar o critério de seleção dos magistrados (principalmente o concurso público) e aperfeiçoar o nível de educação (escolas de magistratura).[15]

O concurso público é discutido quanto à sua permanência, quanto aos seus métodos e os critérios de escolha, ressaltando que nem todos os magistrados são selecionados por este mecanismo, havendo também admissão por meio do chamado "quinto constitucional" – dispositivo que prevê o preenchimento de 1/5 das vagas por membros indicados pelo Ministério Público e pela Ordem dos Advogados do Brasil. Mas mesmo neste caso, os critérios de escolha devem ser aperfeiçoados constantemente.

A ideia das escolas de magistrados já existia na LOMAN – Lei Orgânica da Magistratura (LC nº 35/1979). Na forma de seu §1º do art. 87, permite-se que a lei possa condicionar a promoção aos tribunais por merecimento à frequência, com aprovação e a curso ministrado por escola oficial de aperfeiçoamento de magistrados. A Constituição de 1988 estabelecia "previsão de cursos oficiais de preparação e de aperfeiçoamento como requisitos para ingresso e promoção na carreira" (inciso IV do art. 93). Por essa redação, as escolas não serviriam apenas para promoção, mas também para o próprio ingresso na carreira. A EC de 2004, modificou o referido inciso IV do art. 93 da CF/88: "previsão de cursos oficiais de preparação, aperfeiçoamento e promoção de magistrados, constituindo etapa obrigatória do processo de vitaliciamento a participação em curso oficial ou reconhecido por escola nacional de formação e aperfeiçoamento de magistrados".

A Constituição de 1988 tratou das escolas também como preparação de juízes, sendo que a Reforma de 2004 tornou obrigatória a sua frequência para vitaliciamento.

---

15   Entre as escolas da magistratura serem para formarem candidatos a juízes ou de aperfeiçoamento de juízes, o que muda o próprio perfil dessas escolas. Ver Fragale (2008, p. 118-126).

Hoje, já se discute a possibilidade de as escolas serem judiciais, e que não se ocupem apenas dos magistrados, mas também de outros funcionários.

Segundo Dallari (1996, p. 30-31), a ideia de criar no Brasil escolas de magistratura ganhou força na década de 1970, ainda sob a ditadura militar, sendo que muitos juízes criticavam a ideia sob o ponto de vista de que a função de ensinar é das escolas e não do judiciário. Ressalta que muitas dessas escolas se transformaram em cursinhos, o que fugia a sua finalidade por estabelecer uma discriminação a favor de candidatos e cobrar elevados preços (p. 32).

Dallari (1996, p. 24-25) assim se refere à seleção dos juízes:

> A aferição do preparo intelectual dos candidatos a juiz é um ponto de extrema relevância, que se liga diretamente às concepções relativas ao papel social do juiz. Não basta verificar se o candidato tem bons conhecimentos técnico-jurídicos, pois o juiz que oferece apenas isso, ainda em alto grau, não conseguirá ser mais que um eficiente burocrata. É indispensável, para a boa seleção e, consequentemente, para que se tenha uma boa magistratura, que sejam selecionadas pessoas que, a par de seus conhecimentos jurídicos, demonstrem ter consciência de que os casos submetidos a sua decisão impliquem interesses de seres humanos. O candidato a juiz deverá demonstrar ter condições para avaliar com independência, equilíbrio, objetividade e atenção aos aspectos humanos e sociais, as circunstâncias de um processo judicial, tratando com igual respeito a todos os interessados e procurando, com firmeza e serenidade, a realização da justiça.

Dallari (1996, p. 28) defendia a formação humanística dos estudantes de direito com conhecimento sobre história e realidade das sociedades humanas, buscando a compreensão do direito e da justiça; a par disso, defendia nos cursos de direito as disciplinas relacionadas com o comportamento humano, como a antropologia, a sociologia e a psicologia.

Nesse sentido, Nalini (2000, p. 160) também nos acrescenta ao comentar sobre as Escolas da Magistratura, onde defende uma preparação interdisciplinar, não jurídica. "A falta do conhecimento jurídico não tem sido a mácula maior da justiça nacional".

Fragale Filho (2008, p. 134-135), ao sugerir pistas sobre as atividades da Escola da Magistratura, se refere a outros saberes que não se prenda à dogmática:

Em primeiro lugar, a interdisciplinaridade deve nortear as práticas pedagógicas das escolas judiciais, fomentando um ambiente de criticidade e cooperação entre magistrados. Em seguida, a oferta de cursos livres, como temas ligados à Sociologia, à Psicologia, à Filosofia, à Deontologia Jurídica, à Ética e à Lógica, pode contribuir, de forma incisiva, para uma maior compreensão da atividade judicante e, por via de consequência, para o seu aperfeiçoamento. Enfim, por último, é necessário incentivar uma interface com outras linguagens, como, por exemplo, o cinema e, com isso, romper com o isolacionismo normativo que reforça a imagem de reclusão e distanciamento cada vez mais inapropriada para explicar o cotidiano forense.

A avaliação institucional do juiz, portanto, cada vez mais, não se limita ao seu ingresso na carreira, mas se torna paulatina em função de metas e do que a sociedade espera do juiz.

As promoções são acompanhadas de critérios mais rígidos, incluindo outros, como de gestão. A atual resolução sobre promoção define como um dos critérios de presteza do juiz a "gerência administrativa" (letra *c* do art. 7º da Resolução nº 106 de 2010).

Ainda há muito o que se discutir sobre a relação administrativa-jurisdicional. Resta saber se a extensão da atividade judicante à administrativa tornaria o juiz mais submisso ou significaria maior espaço de poder. Ou seja, se por um lado ele pode estar mais sujeito à disciplina típica da hierarquia administrativa, com menor autonomia, por outro, ele pode ter mais poder. Como veremos mais adiante, Nalini se posicionará contra o "juiz submisso". Porém, o presidente da Associação Nacional da Magistratura Trabalhista – ANAMATRA, Luciano Athayde Chaves, vê essa nova atitude gestional como aumento da prerrogativa do juiz, quando comenta a Resolução nº 70 do CNJ:

> Nós não devemos abrir mão dessa prerrogativa de administrar a justiça. A Constituição Federal nos dá uma robusta garantia no que se refere à administração judiciária e ainda assim ouvimos, não raro, manifestações no sentido de que não é função do juiz administrar (p. 2).[16]

---

16 *Gestão, Planejamento Estratégico e Efetividade no Poder Judiciário*, publicação da ANAMATRA (2010).

A nossa compreensão é de que a independência judicial está intrinsecamente ligada às ideias de administração da justiça. A governança dos juízes é uma garantia para a sociedade. (p. 3).

O que também se discute hoje é se com a sobrecarga de trabalho atribuída aos juízes pode haver queda da segurança jurídica em troca da eficiência administrativa. Em outros termos, que tipo de juiz a sociedade quer?

Estaria o *fordismo* saindo das fábricas e chegando à administração pública, principalmente no Poder Judiciário, com um nova espécie de linha de montagem? Ainda no início da década de 1990, Fraga e Vargas (1995) levantavam essa preocupação:

> É preciso dizer que, durante os últimos anos, certamente em decorrência do aumento das demandas judiciais, alastrou-se a tendência de priorizar a quantidade. Toda ênfase foi transferida para os dados estatísticos de produção, como se se pudessem mensurar o trabalho do magistrado com mais parâmetros, mais apropriados aos operários da linha de montagem industrial. Se a sociedade tem direito à fiscalização do trabalho dos magistrados, certamente não se pode adotar o critério de "produção quantitativa" como adequado para a apuração da produtividade da prestação jurisdicional (p. 97-98).

Por mais de um século se cobrou do juiz o fiel cumprimento da lei, cobrança essa que não deixou de existir, porém novas doutrinas vêm exigindo novos contornos do juiz, ora mais político, ora mais social, além daquela que já ressaltamos que vê no juiz um gestor. Pretendemos aqui expor algumas reflexões sobre o assunto, tanto nacionais quanto internacionais. Comecemos com um autor clássico, que percebe como atividade fundamental do juiz a aplicação da lei. Expomos as ideias de Chiovenda, grande teórico de direito processual da primeira metade do século XX. Depois apresentaremos a posição de Boaventura Sousa Santos, que vê no juiz uma função mais "sociologizada", e bem de acordo com as preocupações atuais. Também a do brasileiro Nalini, que é um dos principais teóricos, e que vem se debruçando sobre o tema já há duas décadas.

Falaremos, então, de Giuseppe Chiovenda. Segundo Enrico Tullio Liebman, que introduziu sua obra *Instituições de Direito Pro-*

cessual Civil no Brasil, justifica-a, entre outros motivos, pelo fato de o autor ser um eficaz defensor dos princípios do processo oral, e ser um dos pensadores que, talvez, mais que qualquer outro inspirou o primeiro Código de Processo Civil brasileiro de âmbito nacional, promulgado em 1939.[17]

O grande processualista Chiovenda do início do século XX (1942, p. 72-74, vol. I), afirmava que a lei moderna impede que as pessoas ajam por conta própria para resolver seus litígios (exercício arbitrário das próprias razões), salvo casos excepcionais.

> O Estado moderno, por consequência, considera como função essencial própria a administração da justiça; é exclusivamente seu poder de atuar a vontade da lei no caso concreto, poder que se diz *jurisdição*; e a que provê como instituição de órgãos próprios (jurisdicionais). Os mais importantes são os juízes (autoridade judiciária); ao lado deles estão órgãos secundários (serventuários de justiça, escrivães).

Para o autor, a função pública desenvolvida no processo consiste na "atuação da vontade concreta da lei, relativamente a um bem da vida que o autor pretende garantido por ela". E continua:

> Objetivo dos órgãos jurisdicionais é afirmar e atuar aquela vontade de lei que eles *estimam* existentes como vontade concreta, à vista dos fatos que *consideram* como existentes. A atividade dos juízes dirige-se, pois, necessariamente a dois distintos objetivos: exame da *norma* como vontade *abstrata* da lei (questão de *direito*) e exame dos *fatos* que transformam em *concreta* a vontade da lei (questão de *fato*).

Chiovenda, ao estudar as regras do direito italiano de sua época, demonstrava a diferença em relação aos pensadores alemães (particularmente, Oskar Bülow), que via a possibilidade de o juiz formular o direito, ou seja, *produzir* direito nos casos imprevisíveis pela lei (particularmente aqueles que surgem em consequência de invenções e descobertas). Se a lei era omissa em relação a um fato novo, dizia Chiovenda, é porque "nesse caso falta uma vontade da lei que garanta o bem reclamado pelo autor e

---

17 A unificação do processo foi defendida durante a 1ª República, por Rui Barbosa e Castro Nunes, entre outros, mas só foi possível com a Carta de 1934.

se formará uma vontade *negativa* de lei" (p. 78). O juiz *atua*, em todos os casos, conforme a vontade da lei preexistente. Para o autor, o juiz não *descobre* uma norma, apenas *formula* o direito preexistente:

> A atuação da *vontade* da lei exige um trabalho, aliás dificílimo, de investigação dessa vontade, o qual se denomina *interpretação*. Cabe ao juiz, com auxílio de critérios gramaticais, lógicos e históricos, fixar o verdadeiro pensamento da lei. (p. 78).

Mais adiante, indaga qual seria a vontade da lei num caso concreto. "Juridicamente, a vontade da lei é aquilo que o juiz afirma ser a vontade concreta da lei" (p. 80). Sobre a possibilidade de erro do juiz, o autor afirma:

> Declara o juiz como indiscutível a vontade concreta da lei, mas não declara efetivamente existentes os *fatos* que a tornaram concreta: os fatos são os que são, e o Estado não pode pretender acreditá-los verdadeiros; não existe uma lógica de Estado. (p. 81).

Chiovenda (p. 82) não concorda com a definição de que o processo é uma forma de solucionar uma controvérsia, pois, esta pode ocorrer fora do processo (arbitramento), assim como há processos sem controvérsia (revelia). Chiovenda (p. 83) discordava de Carnelutti, que concebia o objetivo processual como a justa composição da lide (entendida a "lide" como pretensão contrariada porque foi contradita ou porque não foi satisfeita). Segundo Chiovenda, "mesmo quando entre as partes existe um contraste, não é objetivo imediato do processo compô-lo, mas dizer a vontade da lei" (p. 83). Entretanto, a teoria de Carnelutti acabou por prevalecer, tendo nossa doutrina a adotado neste ponto mais do que a de Chiovenda.

Interessante observar que Chiovenda (p. 254, vol. I) já preocupado com a celeridade processual, e sendo um dos defensores dos processos sumários – com atos concentrados, sem apelações antes da sentença final, a oralidade etc., define duas formas de cognição do juiz (aplicação da lei no caso concreto): a *ordinária* (que é plena e completa) e a *sumária* (isto é, incompleta). No primeiro caso, diria, o juiz faz um exame aprofundado de todas as razões das partes, já no segundo caso, a sumária ou cognição incompleta, o exame não é exaustivo ou é parcial. Já, aqui, o pensador italiano demonstra saber que a celeridade implicava uma análise menos profunda da causa. Em outros termos, a celeridade quase sempre é uma opção, em detrimento do aprofundamento. Kelsen (1999, p. 277-281), sempre atacado como legalista, já admitia o "juiz como legislador", como ocorre, normalmente, com os tribunais de última instância, que recebem competência para criar precedentes. O autor demonstra que nos sistemas onde o juiz tem maior poder de criação há menor grau de segurança jurídica, já que não se sabe exatamente qual o direito. Por outro lado, esses sistemas são mais flexíveis. Ou seja, "flexibilidade X segurança jurídica" são os aspectos a serem considerados antes que se faça opção por um ou outro sistema. O primeiro sistema é mais flexível, pois o juiz *descobre* o direito. Por isso, segundo Kelsen, o juiz deve pensar como o legislador – como se o estivesse substituindo, orientado, portanto, por um determinado ideal de justiça.

De toda forma, havendo "criação ou não" por parte do juiz, a medida adotada sempre será a do Direito. Isso fica claro quando Kelsen trata da lacuna do direito. Para ele (1999, p. 273-274) é errônea a ideia de que quando a ordem jurídica não estatui ao indivíduo algum dever de realizar determinada conduta, permitida é esta conduta. Prossegue o autor:

> A aplicação da ordem jurídica vigente não é, no caso em que a teoria tradicional admite a existência de uma lacuna, logicamente impossível. Na verdade, não é possível, neste caso, a aplicação de uma norma jurídica singular. Mas é possível a aplicação da ordem jurídica – e isso também é aplicação do Direito. A aplicação do Direito não será logicamente excluída. E, efetivamente, não se costuma de forma alguma presumir a existência de uma "lacuna" em todos os casos nos quais o dever do demandado ou acusado afirmado pelo demandante ou acusador não é estipulado qualquer norma do Direito vigente.

Mais adiante, Kelsen (p. 275) afirma que a ordem jurídica é sempre aplicável quando o juiz rejeita a ação com o fundamento de que ela não contém qualquer norma geral que imponha ao demandado o dever afirmado pelo demandante.

A falta de lei pode assim implicar rejeição do pedido. Mas os códigos modernos não vêm adotando essa premissa kelseniana, dando espaço para os juízes preencherem lacunas da lei com a aplicação dos costumes, princípios etc.[18]

Cappelletti, em seu livro *Juízes Legisladores?* (1993) faz uma análise equilibrada sobre a mudança de postura do juiz exigida pela própria sociedade. A criatividade do juiz é inerente à própria interpretação. É como o intérprete de uma música, que sempre deixa a sua marca. Cappelletti entende que a criação do direito está implícita na própria interpretação da lei (p. 20). E adianta: "O verdadeiro problema é outro, ou seja, o *grau de criatividade* e dos *modos, limites e a aceitabilidade* da criação do direito por obra dos tribunais judiciários" (p. 21). O autor passa, então, a visualizar esses limites de criatividade. Adverte o autor que criatividade jurisprudencial mesmo em sua forma mais acentuada não significa, necessariamente, "direito livre" no sentido de direito arbitrariamente criado pelo juiz do caso concreto (p. 26).

Sendo assim, questiona: "Ora, como se pode explicar a tônica que a nossa época colocou a criatividade judiciária?" (1993, p. 31). Cappelletti trata, então, do surgimento da "revolta contra o formalismo":

> Em todas as suas expressões, o formalismo tendia a acentuar o elemento da *lógica* pura e mecânica no processo jurisdicional, ignorando ou encobrindo, ao contrário, o elemento voluntarístico, discricional, da *escolha* (p. 32).

Acaba a ilusão de que o juiz se encontra na posição de "declarar" o direito de maneira não criativa apenas como um instrumento da lógica dedutiva, sem envolver, assim, em tal declaração a sua valoração pessoal. Passou-se a descobrir, ainda segundo Cappelletti (1993, p. 33), que "o papel do juiz é muito mais difícil e complexo, e de que o juiz, moral e politicamente, é bem mais responsável por suas decisões do que haviam sugerido as doutrinas tradicionais". Aquela escolha tem muitos significados:

---

18 É bem verdade que a Súmula Vinculante nº 4 do STF quebra esse princípio em sua parte final: "Salvo os casos previstos na Constituição Federal, o salário mínimo não pode ser usado como indexador de base de cálculo de vantagem de servidor público ou de empregado, *nem ser substituído por decisão judicial.*" (grifo nosso).

Escolha significa discricionariedade, embora não necessariamente arbitrariedade; significa valoração e "balanceamento"; significa ter presentes os resultados práticos e as implicações morais da própria escolha; significa que devem ser empregados não apenas mecanismos da lógica abstrata, ou talvez decorrentes da análise linguística puramente formal, mas também e sobretudo aqueles da história e da economia, da política e da ética, da sociologia e da psicologia (p. 33).

Esse processo de o juiz ser mais ativo decorreu, segundo Cappelletti (1993), da própria expansão do Estado e da criação da legislação social. A atitude do juiz muda quando se trata de direitos sociais:

> Tipicamente, os direitos sociais pedem para a sua execução a intervenção *ativa* do Estado, frequentemente *prolongada no tempo*. Diversamente dos direitos tradicionais, para cuja proteção requer-se apenas que o Estado não permita a sua violação, os direitos sociais – como direito a assistência médica e social, á habitação, ao trabalho – não podem ser simplesmente "atribuídos" ao indivíduo. Exigem eles, ao contrário, permanente ação do Estado, com vistas a financiar subsídios, remover barreiras sociais e econômicas, para, enfim, promover a realização dos programas sociais, fundamentos desses direitos e das expectativas por eles legitimadas (1993, p. 41).

Cappelletti parece-nos ter colocado a questão do juiz criativo, ou ativo, em um determinado contexto histórico, reconhecendo-o como um avanço, porem com limites demarcados. Mas o debate continuará, como veremos mais adiante, pois ele não é novo e nem está com seus dias contados.

Boaventura Santos, ao analisar a situação do judiciário português (2000, p. 7-26), afirma que não haverá reforma sem mudança da cultura jurídica. Para ele, a caricatura do juiz atual é o daquele que domina uma cultura normativista, técnico-burocrática, e que possui três grandes ideais: a *autonomia do direito* – uma ideia de que o direito é um fenômeno totalmente diferente de tudo o que ocorre na sociedade e é autônomo em relação a essa sociedade; uma *concepção restritiva* do que é esse direito ou do que são os autos aos quais o direito se aplica; e uma *concepção burocrática* ou administrativa dos processos. Sendo assim, o direito se manifesta na dogmática jurídica, calcado no direito civil e penal.

O autor defende que o juiz deve aprender técnicas contabilísticas, de economia, de psicologia, de antropologia e de sociologia para entender a realidade. O autor chega a admitir a possibilidade da existência de magistrados não oriundos da faculdade de direito. O concurso público não é o único meio de ingresso e o vitaliciamento não ocorre de imediato. O primeiro perfil do juiz desejado é aquele que possui uma cultura judicial democrática e que esteja aberto a soluções alternativas. Ressalto aqui um dos temas levantados por Santos para formar o perfil do juiz que ele entende como ideal. Afirma o autor que "ninguém fala hoje na qualidade das sentenças, das decisões, de como o valor da vida e do corpo dos cidadãos portugueses é processado nos tribunais, porque a qualidade da justiça não está na agenda política. Está apenas na quantidade, a morosidade, a ineficácia e as prescrições são sempre indicadores quantitativos". O processo passa a ser visto pelo juiz como uma estratégia e não um fim em si.

Santos chega a defender que "é preciso ter uma concepção de direito como fenômeno social para podermos ter uma visão estratégica do processo". Ora, essa visão é a do sociólogo. Neste ponto, achamos que Santos exagera um pouco, pois uma coisa é o juiz ter conhecimento de sociologia e outra coisa é ter uma formação de sociólogo. Entretanto, destacamos que Santos dedicou-se à análise do caso português. Para o caso brasileiro, podemos citar os estudos de José Renato Nalini (1992), que argumenta haver indícios de que a justiça se encontraria em crise, fato esse que poderia ser observado nas pesquisas de opinião. A população nem sempre acredita na justiça. Para o autor, já não existe espaço no Brasil para o juiz omisso, burocrata, compilador de jurisprudência ou distanciado do consenso jurídico (p. 18).

Ainda nessa linha de raciocínio, Nalini indaga: "seria ousado afirmar que o Brasil está precisando de juízes rebeldes em lugar de juízes submissos?" (p. 148). O autor (p. 151-152) questiona a metodologia que considera superada dos concursos públicos, organizados por comissões constituída *ad hoc* pela própria instituição. Neles, vencem os que têm uma maior capacidade de memorização, daí o sucesso dos *cursinhos preparatórios*. Sendo assim, "o produto desse método é o que pode se chamar de *o juiz que não incomoda*" (p. 153). Já tendo demonstrado sua sapiência esse juiz passa a ser um produtor de jurisprudência, correndo o risco de se distanciar da comunidade: "O mito da inércia do Judiciário, o dogma da imparcialidade e da neutralidade lhe confere uma aura de distanciamento" (idem). "Abdica de sua vontade e se afina com aquela exteriorizada pelas Altas Cortes" (idem).

O novo paradigma defendido por Nalini não é calcado na memorização, e sim na flexibilidade, na polivalência, na criatividade e na intuição. Atributos, segundo o autor (p. 154), que nunca estiveram na cogitação dos recrutadores de juízes.

Os juízes éticos ou os bons rebeldes para Nalini são aqueles que não recusam um *plus*: "além da produtividade na solução dos problemas, a formulação de soluções novas para a justiça" (p. 156-157), o juiz deve estar preocupado com erradicação da pobreza, como preocupação geral do Estado, e expressa na Constituição. No recrutamento do juiz rebelde, a Escola da Magistratura tem um papel muito importante, principalmente com a formação ética, que é um tema sobre o qual o autor tem vários estudos.

Escrevendo em tempos mais recentes, Nalini (2009, p. 417), ao comentar o Código de Ética da Magistratura, criado pelo CNJ, afirma que se priorizou mais a quantidade que a qualidade:

> A cultura judicial impunha ao juiz brasileiro esmerar-se mais na qualidade e desprezar a quantidade. Quantos juízes considerados gênios se notabilizaram por elaborar *uma* sentença brilhante, ao custo de abandonaram centenas de outros processos. (...) O Brasil precisa mais de *obreiros*, que respondam às urgências de uma justiça que se perdeu no tempo e que se tornou uma instituição burocratizada, resistente à modernidade, incapaz de adotar tecnologias contemporâneas para oferecer um serviço à altura das necessidades.

Ronald Dworkin (1999, p. 17), um os principais nomes da teoria jurídica reconhece, como os sociólogos do direito, que o direito é um fenômeno social. Mas, diria ele, ao contrário de outros fenômenos sociais, a prática do direito é *argumentativa*. Esse aspecto argumentativo pode ser estudado externamente ou internamente. No primeiro caso, prevalece o ponto de vista do sociólogo ou o do historiador, que pergunta por que certos tipos de argumentos jurídicos se desenvolvem em certas épocas e não em outras. Já o ponto de vista interior, que o autor se propõe a estudar em seu livro, é o da argumentação jurídica, de como ela se desenvolve sob certos casos concretos. O autor ressaltará a teoria da intenção do interlocutor, ou seja, o que o legislador quis ou não, quando elaborou a lei. Nesse âmbito, a decisão do juiz é encarada como um processo de interpretação da lei com reflexos práticos na sociedade. Dworkin trabalha com os tipos do "juiz Hércules", aquele que procura interpretar o que diz o interlocutor (legislador), e o "juiz Hermes" (veremos mais adiante), mas acredita que a legislação é comunicação, e dará maior peso à argumentação (p. 377-382).

A colocação abaixo, de Ronald Dworkin (1999, p. 11), espelha bem o problema sob duas versões do ponto de vista do leigo, a "conservadora" e a "progressista":

> Na Grã-Bretanha e nos Estados Unidos, a opinião mais popular insiste em que os juízes devem sempre, a cada decisão, seguir o direito em vez de tentar aperfeiçoá-lo. Eles podem não gostar do direito que encontram – este pode exigir que despejem uma viúva na véspera do natal, sob uma tempestade de neve –, mas ainda assim devem aplicá-lo. Infelizmente, de acordo com essa opinião popular, alguns juízes não aceitam essa sábia submissão; velada ou abertamente, submetem à lei e seus objetivos ou opiniões políticas. São estes os maus juízes, os usurpadores, os destruidores da democracia.
> Essa é a resposta mais popular à questão da fidelidade, mas não a única. Algumas pessoas sustentam o ponto de vista contrário, de que os juízes devem tentar melhorar a lei sempre que possível, que devem ser políticos, no sentido deplorado pela primeira resposta. Na opinião da maioria, o mau juiz é o juiz rígido e "mecânico", que faz cumprir a lei pela lei, sem se preocupar com o sofrimento, a injustiça ou a ineficiência que se seguem. O bom juiz prefere a justiça à lei.

Também falando sobre juízes liberais e conservadores, Dworkin (p. 428) afirma que a imaginação popular prefere este último porque entende que este cumprirá a Constituição, enquanto os primeiros tentarão reformulá-la segundo suas próprias convicções.

François Ost, em seu artigo *Júpiter, Hércules, Hermes: Três Modelos de Juez* (1993), considera três tipos de juízes. O primeiro é o *jupiteriano*, o que está acima da pirâmide, e faz as leis e códigos do alto. O segundo é o *herculeano*, o pragmático – que atua aos moldes da jurisprudência sociológica americana. Neste caso, a pirâmide fica invertida, pois ele leva o mundo em seus braços, onde o caso concreto se sobrepõe à lei geral. Por fim, o juiz *Hermes*, que dialoga com os dois. Ele é o mediador, o comunicador, o juiz da rede. O primeiro modelo é o do Estado mínimo, o segundo do Estado social e o terceiro do direito pós-moderno. Os dois primeiros modelos de juízes teriam entrado em crise, dando lugar ao terceiro.

François Ost (1983), já havia escrito sobre o juiz ativo. O *instrutor* seria o ativo e moderno, ao lado do pacificador e árbitro. Comentando sobre Ost, o argentino Cárcova (1996, p. 168) questiona esse tipo de juiz:

> Estas circunstâncias recolocam velhas discussões doutrinárias e põe em tensão valores contraditórios. Se é certo que já resulta insólito sustentar velhas teses reducionistas que viam no juiz um aplicador mecânico de normas, um cego executante da vontade do legislador, não é menos certo que seu obrigado teleologismo traz o risco de um disparate decisionista. Quer dizer, uma hipertrofia de sua função que, ao privilegiar a razão de Estado (Carl Schmitt) sobre a hegemonia da norma, atente contra valores democráticos, cuja consecução importou lutas seculares e aos quais não estamos dispostos a renunciar: legalidade, garantismo, princípio de reserva, tipicidade, etc.

O grau de intervenção da instituição judiciária e do juiz em especial dão margem, respectivamente, à judicialização e ao ativismo judicial. Se a judicialização é um fato, já o ativismo judicial uma opção dos juízes. Comentando sobre os dois, Barroso (2008) afirma:

> A judicialização e o ativismo judicial são primos. Vêm, portanto, da mesma família, frequentam os mesmos lugares, mas não têm as mesmas origens. Não são gerados, a rigor, pelas mesmas causas imediatas. A judicialização, no contexto brasileiro, é um fato, uma circunstância que decorre do modelo constitucional que se adotou, e não um exercício deliberado de vontade política. Em todos os casos referidos acima, o Judiciário decidiu porque era o que lhe cabia fazer, sem alternativa. Se uma norma constitucional permite que dela se deduza uma pretensão, subjetiva ou objetiva, ao juiz cabe dela conhecer, decidindo a matéria. Já o ativismo judicial é uma atitude, a escolha de um modo específico e proativo de interpretar a Constituição, expandindo o seu sentido e alcance. Normalmente ele se instala em situações de retração do Poder Legislativo, de um certo descolamento entre a classe política e a sociedade civil, impedindo que as demandas sociais sejam atendidas de maneira efetiva. A ideia de ativismo judicial está associada a uma participação mais ampla e intensa do Judiciário na concretização dos valores e fins constitucionais, com maior interferência no espaço de atuação dos outros dois Poderes. A postura ativista se manifesta por meio de diferentes

condutas, que incluem: (I) a aplicação direta da Constituição a situações não expressamente contempladas em seu texto e independentemente de manifestação do legislador ordinário; (II) a declaração de inconstitucionalidade de atos normativos emanados do legislador, com base em critérios menos rígidos que os de patente e ostensiva violação da Constituição; (III) a imposição de condutas ou de abstenções ao poder público, notadamente em matéria de políticas públicas.

Garapon (1996, p. 65) é outro importante teórico que analisa a ascensão dos juízes, porém de forma crítica. Para ele, o enfraquecimento do Estado-providência abriu espaço para o aumento da importância do Judiciário, mas em contrapartida enfraqueceu a democracia. O ativismo jurisdicional torna a magistratura uma soma de individualidades, o que para ele não é bom para a democracia: "A hierarquia na justiça não é apenas uma ameaça à independência do juiz, é também a garantia de uma certa unidade do direito, essencial à democracia". Mas, para ele, nem toda a magistratura sucumbe à tentação populista. Como censurar um juiz por querer cumprir a lei? É uma questão levantada pelo autor, que dá ênfase à ética:

> Quais devem ser as qualidades de um juiz? Como avaliá-las? Devem ser concedidas garantias às funções preenchidas pelos juízes. Enquanto eles se limitavam a aplicar textos legislativos, um duplo controle – jurisdicional e hierárquico – bastava. Mas o juiz passou, nestes últimos tempos, a posição de guardião do templo àquela de *pesquisador do direito*. Onde vai o juiz encontrar por sua vez suas referências para resolver tais questões? Na lei? Está em declínio. Na sua própria subjetividade? É inaceitável. Na sua consciência? Quem a controlará? Numa adaptação razoável e transparente dos princípios fundamentais do direito? Talvez, desde que redobre o rigor e a honestidade intelectual. O juiz não pode mais pretender uma legitimidade exclusivamente positivista num contexto que deixou de sê-lo. Para poder considerar-se censor da ética nos outros, ele deve responder à própria ética (p. 254).

A função do juiz ativo, ou do ativismo judicial, coloca outra questão: a de que a população é que passa a ser passiva, o que gera acomodação ou domesticação. L. W. Vianna (1999, p. 23-25) ressalta dois eixos analíticos que têm em comum o reconhecimento do Poder Judiciário como instituição estratégica nas democracias contemporâneas. No fundo, surge a divergência entre "cidadão-ativo" e "cidadão-cliente".

Por um lado, o eixo *procedimentalista* de Habermas-Garapon e o eixo *substancialista*, de Cappelletti-Dworkin.

Pelo primeiro, a invasão da política pelo direito mesmo que reclamada em nome da igualdade, levaria à perda da liberdade, "ao gozo passivo de direitos", "à privatização da cidadania", ao "paternalismo estatal", na caracterização de Habermas, e, na de Garapon, "à clerização da burocracia", "a uma justiça de salvação", com a redução dos cidadão a condição de indivíduos-clientes de um Estado providencial. Para Garapon, não é em direção a um Estado-providência e à sua burocracia para onde se deve ir, mas rumo a recursos próprios do grupo social. O papel inovador do juiz estaria, portanto, mais na reestruturação do tecido da sociabilidade, especialmente nos "pontos quentes", como os do menor, das drogas e da exclusão social em geral. Nesses lugares estratégicos, o juiz procederia como um engenheiro e o terapeuta social, comportando-se como foco de irradiação da democracia deliberativa, e vindo a desempenhar função essencial na explicação de um sentido de direito não-estatal, comunitário. Para Habermas, a função da Corte Constitucional seria a de zelar pelo respeito aos procedimentos democráticos para uma formação de opinião e da vontade próprias, a partir da própria cidadania, e não a de se arrogar o papel de legislador político.

Pelo segundo eixo, Cappelletti-Dworkin, se valoriza o juiz como personagem de uma *inteligentzia* especializada em declarar como direito princípios já admitidos socialmente – vale dizer, não arbitrários – e como intérprete do justo na prática social. O juiz Hércules, defendido por Dworkin, é um personagem, nas palavras de L. W. Vianna (1999, p. 36), dedicado – que faz uma interpretação criativa, e que deve se esforçar em preservar, mudando o direito real contemporâneo. Em suma, para esse eixo, a decisão substantiva do juiz tem mais peso que a decisão de se garantir procedimentos democráticos.

Algumas análises mais econômicas também procuram estudar tendências, no sentido de o juiz favorecer ou não a parte mais fraca. Pinheiro (2002), analisa a tendência da politização dos juízes, que é diferente da judicialização da política:

> Enquanto a "judicialização" da política, em particular a transferência para o Judiciário da responsabilidade por tornar a legislação mais precisa e consistente, é uma fonte de imprevisibilidade imposta de fora para

dentro, o seu fenômeno dual, a "politização" das decisões judiciais, resulta eminentemente de um posicionamento dos próprios juízes. Nossas pesquisas indicaram que esse posicionamento pode traduzir uma tentativa de favorecer grupos sociais mais fracos, como trabalhadores e pequenos devedores, ou simplesmente a visão política do juiz sobre a questão em disputa. Na visão da maioria dos magistrados entrevistados, este último é um fenômeno real, mas que ocorre apenas ocasionalmente; para 20% dos juízes, porém, ele ocorre frequentemente.

Mais adiante, o autor afirma que:

A "politização" também resulta da tentativa de alguns magistrados de proteger certos grupos sociais vistos como a parte mais fraca nas disputas levadas aos tribunais. Os próprios magistrados frequentemente se referem a esse posicionamento como refletindo um papel de promover a justiça social que cabe aos juízes desempenhar.

Ferrão & Ribeiro (2006) criticam essa análise, e também a de Arida *et al* (2005) que analisam o conceito de *incerteza jurisdicional*, tornando difícil executar as garantias contratuais ou revender o crédito. Para aqueles autores, o contrato é relativizado apenas quando eivado de ilegalidade, não se identificando nenhuma voluntariedade do Judiciário no sentido de defender as partes hipossuficientes, além do estabelecido em lei. Mais do que isso, nas áreas que seriam mais sensíveis à existência de um viés intervencionista da justiça, na do crédito e juros, na comercial e na do inquilinato, vigora a livre contratação e a pouca interferência, tanto do legislador quanto dos magistrados. Nessas áreas, quem corre o risco de ver ignorados os termos da contratação é a parte mais fraca, ou seja, o inquilino, o devedor e o pequeno empresário. Os riscos de afastamento do contrato estariam nas áreas mais reguladas, como, por exemplo, nas questões trabalhistas, nas de seguridade social e na ambiental.

PARTE 2

Relações sociais e relações jurídicas

2. CONTROLE SOCIAL E O DIREITO. TRANSFORMAÇÕES SOCIAIS E O DIREITO

Neste capítulo procuramos refletir sobre o papel que o direito e as instituições jurídicas têm desempenhado nas sociedades contemporâneas. Sendo assim, algumas perspectivas teóricas são apresentadas, a fim de melhor esclarecermos esse aspecto. Entretanto, daremos uma atenção especial à compreensão dos chamados mecanismos de controle, bem como a interação ocorrida entre o direito e os processos de transformações sociais. Em um primeiro momento, fazemos uma breve contextualização, onde procuramos destacar o crescente protagonismo que as instituições jurídicas têm ocupado no cenário sociopolítico das democracias ocidentais modernas.

2.1. Contextualização
(Estado mínimo, Estado-providência e judicialização)

As instituições judiciárias, antes consideradas um poder periférico, mais voltado para as lides individuais, paulatinamente passam a ter um maior destaque em nossa sociedade. Isso ocorre, principalmente, quando há possibilidade de o Poder Judiciário tomar decisões não alinhadas com o Poder Executivo. Sendo assim, uma consequência é a politização do Judiciário. Certamente, a própria divisão dos três poderes, implicitamente, já propiciava essa hipótese. Mas foi, substancialmente, nos chamados Estados-providência que houve significativa mudança de postura do Poder Judiciário.

Conforme nos indica Boaventura Santos, Marques e Pedroso (1996), no período do Estado liberal, que cobre todo o século XIX e estende-se até a Primeira Guerra Mundial, o poder judicial apresenta-se, na prática, politicamente neutralizado. Isso decorre a partir do princípio da legalidade, onde os tribunais devem atuar em um contexto jurídico-político préconstituído, lhe competindo apenas a garantia da sua vigência. Sendo assim, o poder judicial adquire o contorno de retroativo, ou seja, só deve atuar quando solicitado pelas partes ou por outros setores do Estado. Nesse sentido, os tribunais deveriam estar exclusivamente submetidos ao império da lei, de forma a garantir eficazmente a proteção das garantias individuais. Entretanto, Boaventura comenta que tal despolitização acabou por tornar os tribunais como "ingredientes" essenciais da legitimidade política dos outros poderes.

Com o chamado período do Estado-providência, tais condições político-jurídicas começaram a se alterar, em especial, após a Segunda Guerra Mundial. Neste contexto, o Poder Executivo ganha uma predominância sobre os outros e a governamentalização da produção do direito cria um novo instrumentalismo jurídico, que não se dá sem que haja o confronto com os aspectos judiciais clássicos. O Estado-providência assume a gestão da tensão entre justiça social e igualdade formal, ao lado de um tradicional componente repressivo. Sendo assim, fortalece-se o pensamento de que o Judiciário deve atuar no sentido de ajudar a promover a consagração constitucional dos direitos sociais e econômicos, tais como o direito ao trabalho e ao salário justo, à segurança no emprego, à saúde, à educação, à habitação, e à segurança social.

O direito, nesse caso, adquire uma relevância particular na medida em que é dotado do aspecto técnico que o faz assumir a função de meio de comunicação, compreendido de forma generalizada. O Estado acaba por assumir a posição de uma grande máquina administrativa, tendo como uma de suas incumbências tutelar a cidadania. Ocorreria, assim, uma dicotomia entre os chamados direitos liberais e os direitos sociais. Os direitos liberais se identificariam com o estabelecimento de um sistema econômico dirigido pelo mercado; e os sociais seriam garantidos pelo regime burocrático do Estado de bem-estar (VIANNA, 1999, p. 19).

Com a crise desse Estado-providência, principalmente a partir do final da década de 1970 e início dos anos 1980, iniciou-se um processo de difusão do modelo neoliberal associado ao processo de globalização da economia. A crise surge, substancialmente, com o desemprego e a precarização das relações de trabalho, o que diminuiu a arrecadação tributária do Estado e, ao mesmo tempo, aumentou seus gastos com despesas sociais dos próprios desempregados (ROSANVALLON, 1997, 1998; CASTEL, 1998). Para Boaventura Santos, Marques e Pedroso (1986, p. 6), as manifestações dessa crise são conhecidas:

> (...) Incapacidade financeira do Estado para atender às despesas sempre crescentes da providência estatal, tendo presente o conhecido paradoxo de esta ser tanto mais necessária quanto piores são as condições para a financiar (exemplo: quanto maior é o desemprego, mais elevado é o montante dos subsídios do desemprego, mas menores são os recursos para os financiar, uma vez que os desempregados deixam de contribuir); a criação de enormes burocracias que acumulam um peso político próprio, que lhes permite funcionar com elevados níveis de desperdício e de ineficiência; a clientelização e normalização dos cidadãos cujas opções de vida (de atividade e de movimentos) ficam sujeitas ao controle e à supervisão de agências burocráticas despersonalizadas.

O Estado agora é visto como uma grande máquina burocrática e ineficiente, apresentando-se incapaz de gerir seus próprios recursos. Nesse novo contexto, a instituição do Judiciário ganha novos contornos e sua atuação é cada vez mais exposta com o fortalecimento das atuais democracias ocidentais. Sendo assim, o Judiciário acabou por desempenhar um papel fundamental para atender às expectativas por direito e cidadania de setores socialmente emergentes. É o que Boaventura Santos chama de *explosão de litigiosidade*, iniciada logo após a Segunda Guerra mundial. Para o autor, esse processo significou uma crise do sistema judicial, uma vez que este não estava preparado para atender às novas demandas. Propostas surgem no sentido de se reformar o judiciário e de criar meios alternativos de soluções dos conflitos sociais fora da estrutura judicial formal.

Para outros sociólogos, esse processo não deixou de significar o fortalecimento do Poder Judiciário em relação ao poder político, quando muitas decisões passaram para o plano judicial. Ou seja, a judicialização da política para uns é fruto da crise do sistema judiciário (Boaventura Santos), para outros o seu fortalecimento – quando ela corresponde ao fato de o Judiciário controlar a vontade do soberano (VIANNA, 1999, p. 47). No primeiro caso, a análise é vista essencialmente entre demandados e judiciário, já no segundo parte da análise entre os dois poderes (o judicial e o executivo).

Referindo-se à crise do sistema judicial na década de 1980 na Europa, Boaventura Santos (2000) trata da judicialização pela via política, como podemos perceber na definição abaixo:

> Um processo político complexo através do qual os diferentes grupos políticos, incapazes de resolver, por via política, os seus conflitos transferem a sua resolução para os tribunais.

Uma das causas apontadas pelo autor, para a ocorrência da judicialização, foi a transformação da estrutura do Estado, decorrente do modelo neoliberal do chamado "Consenso de Washington". Podemos citar a privatização e a desregulamentação da economia, a crise do Estado-providência, dentre outras.

L. W. Vianna, por sua vez, vê a judicialização por dois ângulos. Aquele que diz respeito à relação entre os poderes (judiciário X poder político) e entre judiciário e relações sociais. Um exemplo da judicialização, como nos mostra o autor (1999, p. 11), é a explosão da demanda por jurisdição no Brasil, que passou de 350 mil novos processos em 1988, para cerca de 8,5 milhões, em 1998.[19] Tal fenômeno, de certo, relaciona-se com a ampliação da democratização do acesso à Justiça, mas também pela ação dos Tribunais estaduais e por iniciativas do associativismo dos juízes (VIANNA, 1999, p. 11).

Sobre a judicialização *das relações sociais* no Brasil contemporâneo, L. W. Vianna (1999, p. 149) afirma:

> A invasão do direito no mundo contemporâneo não tem limitado as suas repercussões no âmbito dos poderes republicanos à esfera propriamente política (...). Ela também vem alcançando a regulação da sociabilidade e das práticas sociais, inclusive daquelas ditas, tradicio-

---

19 Ver Vianna *et al* (1999, p. 11), quando cita Luiz Fernando Ribeiro de Carvalho, "Quem tem medo da CPI?", *Jornal do Magistrado*, AMB, nº 50, 1999, p. 2.

nalmente, como de natureza estritamente privada e, portanto, impermeáveis à intervenção do Estado, como são os casos, entre outros, das relações de gênero no âmbito familiar e do tratamento dispensado às crianças por seus pais ou responsáveis.

Não se tem uma única visão interpretativa sobre a emergência dessa judicialização nos tempos atuais. Entretanto, queremos destacar alguns pontos convergentes que aparecem na literatura sobre o tema.

Destacamos, primeiramente, a crescente introdução do tema dos direitos humanos na agenda pública das democracias modernas. A partir da agenda da igualdade procura-se redefinir a relação entre os três poderes e espera-se que o Judiciário exerça o controle sobre os demais. Além disso, o surgimento de novos processos sociais tem provocado a emergência de conflitos coletivos, bem de acordo com o contexto da globalização, acarretando o fenômeno da massificação da tutela jurídica. Nesse sentido, o Judiciário surge como uma alternativa para a resolução de conflitos coletivos e para a agregação do tecido social. Os procedimentos políticos de mediação cedem lugar aos judiciais, fazendo com que o Poder Judiciário atue em esferas tanto individuais quanto coletivas (VIANNA, 1999, p. 22-23).

2.2. Relações sociais e relações jurídicas

A estreita relação entre a sociedade e o direito foi pensada de forma mais intensa pela *Escola Sociológica francesa*, tendo Durkheim como o seu fundador. Para este autor o direito pode ser compreendido como o "símbolo visível" de uma determinada solidariedade social (1983, p. 32). O autor passou a estudar a solidariedade social a partir das regras jurídicas, que a exterioriza, pois ela é difícil de ser observada internamente. Para Durkheim, "a vida geral da sociedade não pode se desenvolver em um ponto sem que a vida jurídica se estenda ao mesmo tempo e na mesma proporção" (1983, p. 32). O autor, assim, deu a tônica da importância do estudo do direito. Como dissemos, para Moraes Filho, Durkheim foi o fundador da sociologia do direito.

Segundo Durkheim, a regra jurídica é um dos principais mecanismos para o estabelecimento da ordem, da paz e da segurança social.

Dependendo da natureza do agrupamento social se confirmaria uma determinada natureza do direito. A ordem jurídica, então, estaria destinada a satisfazer as necessidades de uma determinada sociedade, apaziguar e resolver possíveis conflitos de interesses, assegurar a sua continuidade e atingir as suas metas (GUSMÃO, 1996, p. 35). Sendo assim, o fenômeno jurídico, que foi elaborado a partir de uma determinada configuração social, ocuparia um papel central na organização das sociedades.

Para aprofundarmos ainda mais essa correspondência entre as relações sociais e as relações jurídicas, podemos citar a *Escola do Direito Vivo*. Um dos seus expoentes é Eugen Ehrlich, que entende a sociedade como o "centro da gravidade do direito", atribuindo ao Estado um papel secundário nesse processo (GUSMÃO, 1996, p. 36). Sendo assim, nessa perspectiva, o estabelecimento de toda ordem jurídica estaria relacionado a todo ordenamento interno das associações humanas. A sociedade, segundo Ehrlich (1986), pode ser entendida como um conjunto de organizações ou associações humanas inter-relacionadas. Assim, todo conjunto de pessoas, em seu relacionamento mútuo, concebe um conjunto de regras que influencia seu modo de agir. Regras essas que não se resumem às prescrições legais. Além das regras do direito, podemos citar as da moral, da religião, do costume, da honra, do bom comportamento e da moda. Essas regras são realidades sociais resultantes da conjugação de forças que agem na sociedade. Dessa forma, a norma jurídica é apenas uma das regras do agir humano. As outras regras, para Ehrlich, não devem ser pensadas como opostas às regras do direito. Elas também são componentes importantes para a compreensão da realidade social (EHRLICH, 1986, p. 37).

De qualquer forma, essas ideias desenvolvidas principalmente ao longo do século XX quiseram chamar a atenção para a estreita vinculação existente entre o direito e a realidade social. A sociedade, nesse sentido, pode ser considerada como uma ordem estabelecida por normas sociais. Tais normas influenciam no comportamento humano e visam garantir a estabilidade social. Sendo assim, o homem, desde o seu nascimento, independentemente da sua vontade, é influenciado por uma série de normas sociais. Entretanto, vale a pena explicitarmos a distinção entre as duas espécies de normas que formam a ordem social: as que são sancionadas ou reconhecidas pelo poder público, no caso das normas jurídicas; e aquelas que são estabelecidas pelo costume. O direito, portanto, é uma das normas sociais existentes, distinguindo-se por possuir sanções organizadas, institucionalizadas e aplicadas por órgãos especializados, ou seja, pelo poder público (GUSMÃO, 1996, p. 36). Podemos, então, pensar a norma jurídica como resultado de um processo interativo com a realidade social. Ela procede da sociedade, por seus instrumentos e instituições destinadas a formular o direito, e, de certo, reflete também as crenças e os valores culturais hegemônicos em uma conformação social (MIRANDA ROSA, 1981, p. 57).

E destacamos também a crescente importância da formação de um discurso imbuído de elementos do campo jurídico. Tais discursos são capazes de, com a sua própria força, produzir efeitos. Assim como nos indica Bourdieu em seu livro *O poder simbólico*, o direito por meio dos seus discursos tem a capacidade de *fazer* o mundo social, mas sob a condição de ao mesmo tempo ser *feito* por ele (BOURDIEU, 2009, p. 237).

Portanto, podemos perceber que as mais importantes relações sociais, pelo motivo de serem essenciais à sociedade, ou por serem geradoras de graves conflitos, tornam-se relações jurídicas a partir do momento em que são regidas por normas jurídicas como a lei, os costumes e os precedentes judiciais. Tais normas exercem pressão social sobre os seus destinatários, acarretando, quando violadas, a reprovação pública ou a exclusão do transgressor, o rompimento de relações, o desprezo público etc. (GUSMÃO, 1996, p. 40). Percebemos em Gusmão uma visão ampla sobre a norma jurídica, que engloba tanto os dispositivos legais quanto os relacionados à tradição e ao costume.

Deve ser destacado o importante papel dos costumes ora colocados como regra jurídica, ora como regra não jurídica. Não há um tratamento uniforme sobre os costumes, tanto à sociologia como ao direito. Para o sociólogo Max Weber:

> Chama-se costumes, em contraposição à convenção e ao direito, uma norma *não* garantida exatamente e à qual o agente de fato se atém, seja de maneira irreflexiva, seja por comodidade ou por outras razões quaisquer, e cuja provável observação, pelas mesmas razões, ele pode esperar de outras pessoas pertencentes ao mesmo círculo (2009, vol. 1, p. 18).

Já a visão de Durkheim sobre Estado é bem mais ampla e quase se confunde com a da solidariedade dos diversos grupos sociais, principalmente os profissionais, o que o leva a não distinguir os espaços públicos do privados. Para ele, como vimos, o direito está relacionado diretamente com as relações sociais, aquelas que possuem solidariedade. Vejamos como os costumes são situados em sua doutrina:

> Poder-se-ia objetar, é verdade, que as relações sociais podem fixar-se sem tomar por isso uma forma jurídica. Existem algumas cuja regulamentação não chega a este grau de consolidação e de precisão; não permanecem indeterminadas por isto, mas, ao invés de serem reguladas pelo direito, elas o são pelos costumes. (p. 32).

O autor levanta com muita clareza que "acontece frequentemente que os costumes não estão de acordo com o direito". Porém, mais adiante, na mesma página, o autor afirma: "normalmente, os costumes não se opõem ao direito, mas, ao contrário, são sua base" (p. 32). Vê-se que Durkheim dá um tratamento muito especial à relação direito/costumes, quase que dialética. Não são a mesma coisa, mas um praticamente depende do outro. Talvez a diferença esteja mais em termos de forma, grau de intensidade e de organização social.

Bobbio (1999, p. 168) apresenta três situações históricas em que aparece de forma diferente as relações entre lei e costume:

a) costume é superior à lei;

b) o costume a lei estão no mesmo plano;

c) o costume é inferior à lei.

O primeiro caso, bem raro, tem como exemplo o ordenamento inglês antes da consolidação da monarquia parlamentar, na qual a *commnon law* limitava o poder do rei. O segundo caso, ocorria na Idade Média com o direito canônico, constava na Constituição de Constantino. A terceira, é a moderna, realizada com os Estados modernos, teorizada pelo positivismo jurídico.

Para o jurista, a lei pode contrariar certos costumes – direta ou indiretamente –, desde que eles sejam considerados contrários ao interesse público, por serem considerados imorais ou por ferirem outros princípios jurídicos. Mas, sobretudo, os costumes são a base da elaboração da maioria das leis. Muitas delas são mero fruto da redação formal de um costume. E mais, os costumes se transformam em norma jurídica quando a lei é omissa. Este é um princípio universal que qualquer estudante de direito conhece e que consta claramente em nossos códigos. Alguns sistemas normativos chegaram a privilegiar os costumes.

Para Kelsen (1999, p. 251), ao lado das normas jurídicas criadas via legislativa, a Constituição também pode instituir como fato produtor de direito um determinado fato consuetudinário, que é caracterizado:

> Pela circunstância de os indivíduos pertencentes à comunidade jurídica se conduzirem por forma sempre idêntica sob certas e determinadas circunstâncias, de esta conduta se processar por um tempo suficientemente longo, de por essa forma surgir, nos indivíduos que, através dos seus atos, constituem o costume, a vontade coletiva de que assim nos conduzamos. Então, o sentido subjetivo do fato que constitui o costume é um dever--ser: o sentido de que nos devemos conduzir de acordo com o costume.

Ou seja, os costumes podem se transformar em normas jurídicas, desde que a Constituição (ou a lei) assim determine. Quer dizer, pode haver igualdade hierárquica entre lei e costumes, contanto que a lei assim determine. Isso significa dizer, no final, que a lei é superior. Kelsen (1999, p. 259) também valoriza os costumes quando trata do direito internacional, onde não existe "leis" no sentido estatal.

2.3. Controle social e direito

2.3.1. O conceito geral de controle social

Definir o controle social não é lá uma tarefa muito fácil. Nem todo controle social é jurídico. Em um sentido amplo, tudo aquilo que influencia o comportamento dos membros da sociedade pode ser entendido, de certa forma, como um tipo de controle social. O próprio processo de socialização já contribui para estabelecer os limites dos comportamentos individuais, indicando as formas que mais se adequam a uma determinada configuração social. Ou seja, através da socialização os elementos da sociedade e da cultura tornam-se parte integrante da personalidade, interiorizando-se no indivíduo, influenciando as suas formas de pensar, de sentir e de agir dentro de um grupo. Por meio de mecanismos de recompensas e de punições o meio social estabelece um conjunto de regras morais de forma a influenciar os comportamentos. E aqui nós podemos citar como os principais agentes de socialização a família, os grupos de vizinhança, a escola, clubes recreativos, associações políticas e religiosas, bem como os meios de comunicação de massa.

Maurice Cusson (1995) nos acrescenta afirmando que o controle social refere-se também às expectativas de ações que mantemos em nossas relações interpessoais. Nesse sentido nos traz uma interessante definição:

> O controle social é uma forma de influência que se opera nas e através das relações interpessoais. A integração torna essa influência possível, ao dar a um a oportunidade de manifestar as suas expectativas e a outro de ser receptivo às mesmas. Se eu quiser continuar em boas relações com meu colaborador, não posso ignorar suas expectativas a meu respeito e reciprocamente. (p. 433).

Sendo assim, toda relação social pressupõe a característica da reciprocidade, pois se assim não for a ruptura torna-se inevitável. Percebemos, portanto, que o conceito de controle social pode ser considerado como uma extensão do conceito de socialização, objetivando, de certo, que as pessoas se "movimentem" a partir de determinados padrões.

Nesse sentido, o controle social não é exercido apenas por intermédio das instituições jurídicas amparadas pelo aval do Estado. Existem instâncias menores que proporcionam um efeito controlador sobre o comportamento das pessoas. As normas, em um sentido mais amplo, estão sempre presentes em nossos relacionamentos interpessoais e delimitam, de certa forma, a autonomia individual. Entretanto, apesar de toda pretensão para a manutenção de uma ordem social, este controle não é "absoluto", e não é capaz de impedir de forma definitiva o curso das transformações sociais. Há sempre a possibilidade para que se tenham modificações, sejam culturais ou estruturais, de uma sociedade. No próximo tópico daremos uma atenção especial a esse assunto por meio da compreensão do conceito de *mudança social*.

Além disso, ocorre também uma tolerância do grupo em relação aos seus membros. Destacamos um trecho de Souto & Souto (2003) que abordam bem essa temática:

Da mesma maneira que se espera uma conformidade geral quanto a certos padrões de comportamento, se espera também um certo comportamento divergente em determinadas situações. Não existe uma rigidez absoluta. O padrão ideal não é cumprido por todos. Haverá uma escala de condutas que se assemelham mais e menos a esse padrão ideal socialmente aceito. Ou seja, há uma tolerância do grupo em relação ao comportamento dos seus membros. Essa tolerância se faz necessária para o próprio funcionamento normal do controle. A sua rigidez absoluta causaria, em circunstâncias especiais, desconfiança quanto à eficácia dele (p. 177).

2.3.2. O controle social e as instituições jurídicas

Entretanto, especificamente sobre a relação entre o controle social e o direito gostaríamos de trazer algumas reflexões de Boaventura S. Santos, Marques e Pedroso (1996) sobre o tema, e em especial, a respeito dos tribunais. Destacamos abaixo a seguinte definição:

> O controle social é o conjunto de medidas – quer influências interiorizadas, quer coerções – adotadas numa dada sociedade para que as ações individuais não se desviem significativamente do padrão dominante de sociabilidade, por esta razão designado ordem social. A função de controle social dos tribunais diz respeito à sua contribuição específica para a manutenção da ordem social e para a sua restauração sempre que ela é violada. Desde meados do século XIX, coincidindo com o início do período liberal, o triunfo ideológico do individualismo liberal e a exacerbação dos conflitos sociais em resultado da revolução industrial e urbana vieram pôr a questão central de como manter a ordem social numa sociedade que perdia ou destruía rapidamente os fundamentos em que tal ordem tinha se assentado até então (p. 18).

Portanto, a função de controle dos tribunais refere-se à sua contribuição específica para a manutenção da ordem social e para a sua restauração sempre que for necessária. Sendo assim, progressivamente os tribunais acabaram por adquirir uma grande importância, tanto no âmbito institucional quanto no âmbito político.

Desde a segunda metade do século XIX, com o triunfo ideológico do individualismo liberal e a exacerbação dos conflitos sociais, o direito com sua normatividade única, universal, coerente, e de acordo com os objetivos de desenvolvimento da sociedade burguesa foi entendido como a instituição que seria capaz de estabelecer a ordem almejada em uma sociedade que modificava significativamente os fundamentos em que tinha se assentado. Na própria resolução de litígios pelos tribunais configura em si mesma uma função de controle social. Entretanto, como nos aponta Boaventura Santos, é na repressão criminal que os tribunais exercem especificamente essa função, pois nesse caso, o padrão de sociabilidade dominante é imperativamente afirmado perante o comportamento desviado.

Já Pedro Scuro Neto (1997) nos acrescenta o papel influenciador das instituições destinadas a exercerem o controle social. Ele argumenta que os tribunais, os órgãos estatais e a polícia têm uma influência na organização social limitada, posto que eles apenas se ocupam, na prática, de casos que estão situados no limite da marginalidade, e, portanto, estando à margem do ordenamento social. Essa análise, porém, nos remete a uma série de discussões, pois, de certo, as posições marginais que os indivíduos ocupam estão de fato inter-relacionadas com toda a estrutura da sociedade. Por estarem em posições limites, não significa que não sejam importantes para o entendimento e para a organização do todo social. Tudo está inter-relacionado em um dinamismo constante. Entretanto, a análise deste autor nos ajuda a equacionarmos melhor o papel exercido por tais instituições, e em especial, do nosso interesse, os tribunais e todo o sistema judiciário.

Outro aspecto que este autor levanta é sobre a questão da eficácia dos sistemas de controle social. Para Scuro Neto um elemento importante para a compreensão desse aspecto é o fato de as pessoas terem ou não respeito pela polícia e pela legitimidade confiada ao sistema judiciário. Isso significa dizer que as instituições que exercem algum mecanismo de controle institucional não podem se isolar do todo social. Somente o uso da força e da lei não lhes garantirá sucesso na resolução de conflitos sociais. O diálogo com a sociedade deve ser constante, bem como a abertura para a assimilação de novos valores e perspectivas, sob a pena de, se assim não for, serem consideradas instituições sem legitimidade e ineficientes.

Alguns autores distinguem o controle social *formal* do *informal*. Para Souto & Souto (2003, p. 191):

Tradicionalmente o controle social se divide em formal e informal, conforme se, respectivamente, artificial e organizado (por exemplo, o que se faz mediante leis, tribunais e polícias) ou, ao contrário, natural e espontâneo. É típico do controle social formal que as instituições sejam agentes desse tipo de controle. Elas são acentuadamente eficazes como meio de controle social porque são mais aceitas e definidas socialmente. Já o controle social informal se instrumentaliza dos costumes, da moda, da opinião pública, das palavras convencionais, da tradição, das multidões.

Essa classificação pode não coincidir bem com o pensamento jurídico, especificamente no que diz respeito aos *costumes*, pois estes também servem como normas ao Judiciário. Os costumes ajudam o legislador a criar leis, o jurista a interpretá-las, e chega a ser norma quando aplicados para suprir a omissão da lei.

2.3.3. Sanções jurídicas e atos de força física

O controle social, como vimos, é exercido por toda a sociedade por meio da própria convivência. As formas de impor os limites desejados são a do incentivo e a da repressão. Entretanto, ao assumir seu caráter formal, o controle social utiliza-se das sanções jurídicas para atingir melhor os seus objetivos.

Sobre o controle formal, que é determinado por normas de conduta, Ana Lúcia Sabadell (2003) nos acrescenta, ao apresentar algumas de suas características. Para esta autora as normas são *explícitas*, onde a população é esclarecida sobre a forma exata daquilo que se deve ou não fazer; são protegidas pelo uso de *sanções*; e também são interpretadas e aplicadas por agentes oficiais.

Para mesma autora (SABADELL, 2003, p. 146 ss), a sanção pode assumir aspectos positivos ou negativos, em decorrência do cumprimento ou não de uma determinada norma jurídica. As sanções positivas oferecem uma vantagem ou um prêmio para quem cumpre a norma. As negativas impõem uma penalização no caso de descumprimento da norma, podendo acarretar privação ou restrição de um direito do infrator.[20]

---

20 Kelsen (1999, p. 37) trata desse tema da seguinte forma: "As modernas ordens jurídicas também contêm, por vezes, normas através das quais são pre-

Eva Maria Lakatos (1982) nos apresenta uma classificação de sanções negativas (tanto formais quanto informais), que podem se apresentar de várias formas. Abaixo destacamos quatro tipos:

1. **Constrangimento físico:** refere-se à violência ou ameaça de violência física. A tarefa do uso das sanções físicas cabe ao Estado por meio do sistema jurídico e das organizações que têm por função vigiar o cumprimento das leis (exército, polícia, tribunais, penitenciárias). Dentre as sanções físicas empregadas pelo Estado podemos citar: prisão, residência vigiada, trabalhos forçados, e em alguns países até mesmo a execução (pena de morte);
2. **Sanção econômica:** a maioria das sanções econômicas são aplicadas pelo sistema jurídico, por meio das multas, indenizações de prejuízos causados a outrem, restituição em casos de apropriação indébita etc. Apóiam-se no sistema jurídico o Estado, as organizações empresariais e outras organizações formais como clubes, sindicatos etc. Pode ocorrer, por exemplo, uma sanção que é aplicada por algumas associações profissionais, como médicos e advogados, que consiste na perda do direito de exercer a profissão, acarretando, entre outros, prejuízos econômicos;
3. **Sanção religiosa:** esta abrange as relações de indivíduos ou grupos com uma determinada instituição religiosa e diz respeito a um poder "suprasocial". A eficácia dessas sanções baseia-se na crença, em ideias religiosas, e, também, na aceitação do poder e autoridade das lideranças religiosas. As sanções tomam diversas formas: penitências, excomunhão, perda dos méritos, entre outras;
4. **Sanções sociais:** são as mais diversas e numerosas. A família, o grupo de amigos, e pequenas comunidades são os principais agentes dessas sanções. Dependendo da gravidade da falta a sanção é efetivada. Em casos piores, por exemplo, um grupo

---

vistas recompensas para determinados serviços, como títulos e condecorações." (...) Estas, "desempenham apenas uma papel inteiramente subalterno dentro dos sistemas que funcionam como ordens de coação. De resto, as normas relativas à concessão de títulos e condecorações estão numa conexão essencial com as normas que estatuem sanções".

pode lançar mão da rejeição, do afastamento ou da expulsão do grupo. Entretanto, na sociedade urbana, com o anonimato, a mobilidade e com os variados grupos existentes diminui a eficácia de todos esses tipos de sanções informais.

Como distinguir as sanções praticadas pela sociedade (controle informal) e pelas praticadas pelo direito (controle formal)? Haveria, na verdade, essa distinção? A sanção não é uma só? Não pretendemos responder essa questão, mas expor alguns pensamentos importantes sobre o tema. Embora a sociologia do direito seja bastante crítica ao pensamento de Kelsen, não há como tratar de sanção sem partirmos de seus conhecimentos. Mesmo quem não concorda com o positivismo puro o utiliza para melhor expor suas opiniões. A própria divisão entre controle formal e controle informal está mais próxima de Kelsen do que de Durkheim, como veremos.

A pena é um tema que não pode fugir a quem estuda controle social. A sociologia e o direito tratam desse tema com grande importância. Durkheim (1983, p. 56) considera o papel útil da pena, embora esta proceda de uma reação completamente mecânica. A pena, para ele, tem duas funções: a *secundária* (medíocre e duvidosa para o autor), que tem por objetivo corrigir o culpado e intimidar seus imitadores, e a *verdadeira*, que mantém intacta a coesão social e a vitalidade da consciência comum. Em outros termos, para Durkheim, a perspectiva de cumprimento da lei não é muito subjetiva (não parte de dentro para fora, do medo ou prazer do indivíduo), mas de fatores objetivos: a sociedade pune o infrator para manter a coesão social.

Uma regra, com efeito, não é somente uma maneira habitual de agir; é, antes de tudo, *uma maneira de agir obrigatória*, isto é, subtraída em alguma medida do arbítrio individual. Ora, somente uma sociedade constituída goza da supremacia moral e material que é indispensável para fazer a lei para os indivíduos, pois só a personalidade moral que esteja acima das personalidades particulares é a que forma a coletividade. E mais adiante, Durkheim afirma que uma regulamentação moral ou jurídica exprime, essencialmente, necessidades sociais. Ela repousa sobre o estado de opinião e toda opinião é coisa coletiva, produto de uma elaboração coletiva.

Ao comparar o direito civil ao penal, destaca que o primeiro é calcado na obrigação (com sanção restitutiva). O direito penal, ao contrário, promulga apenas sanções, mas não diz nada acerca das obrigações às quais elas se relacionam. Não manda respeitar a vida dos outros, mas condena à morte o assassino. Não diz primeiramente como faz o direito civil: "Eis o dever", mas, imediatamente: "Eis a pena" (1983, p. 38). Mais adiante (1983, p. 49), afirma que "a pena consiste, pois, essencialmente, numa reação passional, de intensidade gradual, que a sociedade exerce por intermédio de um corpo constituído sobre aqueles dos seus membros que tenham violado certas regras de conduta".

Falando sobre a pena de um crime, Durkheim afirma que "o poder de reação próprio do Estado deve, portanto, ser da mesma natureza que o difuso na sociedade" (p. 42). Mais adiante (p. 43): "A extensão da ação que o órgão governamental exerce sobre o número e sobre a qualificação dos atos criminosos depende da força que encerra". Para o autor, a única característica comum a todos os crimes é que eles consistem – salvo algumas exceções – em atos universalmente reprovados pelos membros de cada sociedade (1983, p. 37).

Para Max Weber, o decisivo no conceito de *direito* (que para outros fins pode ser definido de maneira completamente diferente) é a existência de um *quadro coativo* (2009, p. 21). Weber se preocupava mais com o quadro coativo, representado pela burocracia moderna, onde priorizava em seus estudos a *legitimidade* de uma ordem e não a sua *validade*, preocupação esta maior em Kelsen.

A importância da coação geralmente é relacionada com o pensamento positivista de Kelsen, enquanto para Durkheim o Estado não era tão separado da sociedade, sendo ele uma consequência da própria solidariedade dos grupos. Para Kelsen (p. 346):

> Não é o Estado que se subordina ao Direito por ele criado, mas é o Direito que, regulando a conduta dos indivíduos e, especialmente, a sua conduta dirigida à criação do Direito, submete a si esses indivíduos.

Kelsen afirma que "a conduta prescrita não é a conduta devida; devida é a sanção. A execução da sanção é prescrita, é conteúdo de um dever jurídico, se a sua omissão é tornada pressuposto de uma sanção" (p. 27). Ou seja, deve ser punido quem não pune.

Para os positivistas, no entanto, só as normas produzidas pelo Estado é que possuem o aspecto de "sanções obrigatórias", as outras, criadas pela sociedade espontaneamente, não estão no mesmo plano. Por sua vez, os "sociológicos em geral" entendem que a sociedade possui diversas outras formas que influenciam o comportamento humano, e que se encontram para além da esfera da instituição estatal, mas que fazem parte de um mesmo sistema ou uma mesma cadeia de solidariedade.

O Estado kelsiano, estando acima de tudo, cria o direito que ditará normas para ele próprio e para os indivíduos. O direito kelsiano situa-se em um plano elevado, determinativo, ao lado do Estado, e os indivíduos ficam bem abaixo. O direito não é uma consequência de atos espontâneos, como vimos no direito durkheimiano. As penas, para Durkheim, respondem mais aos anseios sociais do que à norma. Correndo o risco de sermos mecanicistas, poderíamos dizer que para Durkheim o direito nasce de baixo para cima e para Kelsen de cima para baixo. Mas, tanto em um como em outro, não existe uma separação entre direito público e direito privado (KELSEN, 1999, p. 310-311; DURKHEIM, p. 34).

Kelsen aceita que as sanções não sejam exclusividade do direito. As outras ordens que não são especificamente as jurídicas, como, por exemplo, as religiosas, podem exercer um tipo de coação psíquica:

> Coação psíquica exercem-na todas as ordens sociais com certo grau de eficácia, e muitas – como, porventura, a religiosa – exercem-na numa medida ainda mais ampla do que a ordem jurídica. Esta coação psíquica, não é, pois, uma característica que distinga o Direito das outras ordens sociais. O Direito é uma ordem coativa, não no sentido que ele – ou, mais rigorosamente, a sua representação – produz coação psíquica; mas, no sentido de que estatui a coação, designadamente a privação coercitiva da vida, da liberdade, de bens econômicos e outros, como consequência dos pressupostos por ele estabelecido (1999, p. 38).

Mas o que é importante para Kelsen, é que não basta existir a regra e até mesmo a sanção, o que ocorre com qualquer grupo social, mas sim, *ter a obrigação de aplicar a sanção.*

> Como ordem coativa, o Direito distingue-se de outras ordens sociais. O momento da coação, isto é, a circunstância de que o ato estatuído pela ordem como consequência de uma situação de fato considerada socialmente prejudicial deve ser executado mesmo contra a vontade da pessoa atingida e – em caso de resistência – mediante o emprego da força física, é o critério decisivo (KELSEN, 1999, p. 37).

A força física, nesse sentido, não precisa ser necessariamente utilizada, sendo despendida apenas quando algum tipo de ato for classificado juridicamente como extremamente danoso para a sociedade. O próprio direito penal hoje em dia não exige só penas físicas, podendo utilizar as multas e as penas restritivas de direitos (prestação pecuniária; perda de bens e valores; prestação de serviço à comunidade ou a entidades públicas; interdição temporária de direitos; limitação de fim de semana).

A teoria kelsiana, neste ponto, se enquadra mais com o direito penal, pois se trata de um controle clamado pelo Estado e não pelo indivíduo (vítima). No caso da ação penal de iniciativa privada, se exige a queixa da vítima no prazo de seis meses, direito que também pode ser renunciado. Fora o direito penal, alguns ramos do direito público, como o tributário, também prevê a obrigatoriedade da aplicação da pena.

No campo do direito civil de direito patrimonial, quando o titular do direito é uma pessoa civil, há sempre a possibilidade de transação e renúncia. Neste campo, o que prevalece ao Estado é a sua exclusividade de intervir com força física. Quando se chega a um impasse no controle social *informal*, por força da resistência do penalizado em cumprir a punição, de uma obrigação de fazer, não fazer ou de pagar, se exige a ação estatal.

No campo do direito civil, as eventuais punições (como ocorre nas relações de trabalho) ou as demais sanções (legais ou contratuais), mesmo quando não são pecuniárias, podem sempre ser convertidas em indenização ou outros ônus que impliquem outras sanções maiores, porém, em última instância tudo é resolvido em indenização de perdas e danos ou outros corolários civis, substancialmente econômicos. Nunca a pena física é aplicada no direito civil patrimonial, embora se possa suspender a execução de um contrato a ponto de interferir a rotina de algum prestador de serviços.

Os atos coercitivos que envolvem atos de força continuam sendo exercidos pelo Estado, como a condução coercitiva de testemunhas, penhora, busca e apreensão e outras medidas semelhantes. Aqui o papel do poder judiciário é fundamental. Os raros casos em que se permite o uso da força física privada se referem à atos imediatos e urgentíssimos, revestidos de autodefesa, como no caso de um possuidor ameaçado de esbulho (parágrafo único do art. 1.210 do Código Civil), sob risco de se caracterizar o crime de exercício arbitrário das próprias razões (Código Penal, art. 345).

Algumas reformas judiciais que têm buscado a desjudicialização, ou seja, reduzir a interferência da justiça ou de seus agentes públicos em certos atos, têm encontrado limites nos casos em que se exige a força física. Citamos dois casos, um em Portugal e outro no Brasil. A Reforma da Ação Executiva de 2003 em Portugal, seguindo diretrizes da União Europeia, criou a figura do solicitador de execução que procede à penhora, sendo ele um profissional liberal e não agente público (ALEMÃO, 2007). Todavia, mesmo, com esse processo de privatização de algumas funções que até então eram públicas, ainda necessita da força pública em caso de resistência.[21] O outro exemplo é o da Lei nº 9.307, de 23.09.96, que dispõe sobre a arbitragem. Sua intenção foi desjudicializar, transformando o árbitro – que é qualquer cidadão – em juiz. A sentença arbitral não possui recurso, e, portanto, dispensa-se a antiga homologação judicial dos laudos. Todavia, os atos de força, como condução coercitiva de testemunhas, medidas coercitivas e cautelares, os árbitros devem ser solicitados ao poder judiciário, na § 4º do art. 22 da referida lei (ver ALEMÃO, 1997). Esse exemplo pode ser estendido para todos os outros casos chamados de via alternativa ao aparelho judicial, que envolvem mediação ou conciliação, tema que voltaremos a tratar.

Já o campo do direito civil *não patrimonial*, onde prevalecem as relações familiares, as coerções e punições estão englobadas no controle informal – são aquelas que fazem parte da sociedade. Apenas os abusos praticados são examinados pelos tribunais.

Nestas relações não estatais, mesmo quando existe a sanção, elas são renunciáveis, ou mesmo o sancionado pode romper totalmente com a situação que lhe levou a receber a pena, muito embora possa responder por indenizações ou vexames psíquicos. O pai que estabelece uma punição ao filho não está obrigado a executá-la. O empregador, não está obrigado a punir o seu empregado quando este comete uma falta grave, ou seja, não tem o *dever* de punir, tendo apenas o direito. Admite-se amplamente a renúncia tácita nestes casos.

---

21 Na forma do art. 840, item 2, do Código de Processo Civil de Portugal, quando trata da diligência da penhora: "Quando as portas estejam fechadas ou seja, oposta alguma resistência, bem como quando haja receio justificado de que tal se verifique, *o agente de execução requer ao juiz que determine a requisição do auxílio da força pública*, arrombando-se aquelas, se necessário, e lavrando-se auto da ocorrência" (grifo nosso).

Por outro lado, aqueles que veem o direito disseminado na sociedade, não vendo no Estado a instituição que tem o monopólio do uso do direito, também encontram dificuldades quando se referem a normas penais. As coações das religiões e de grupos sociais, por exemplo, atuam muito mais de forma preventiva ou, como diria Kelsen, de forma psíquica, nada podendo fazer, nos limites legais, quando se trata de punir uma conduta criminosa. No mais, punem o mesmo ato de forma administrativa ou moral. Por isso, podemos dizer que o controle social ainda é eminentemente estatal, especificamente quando se trata da aplicação das sanções penais.

Outra questão que gostaríamos de colocar é sobre a legitimidade das sanções jurídicas. Se o controle social informal é construído com a própria socialização do indivíduo, num processo bem amplo, o controle social formal tem o uso das sanções como o seu principal elemento. Contudo, para terem efetividade dependem de ampla aceitação social.

Sobre este aspecto Pedro Scuro Neto (1997) nos acrescenta ao relacionar a questão da sanção à noção de validade e eficácia do direito. No trecho a seguir, o autor elucida bem esse ponto:

> As sanções não são aplicadas visando impor apenas uma vontade de forma isolada; sua função é assegurar conformidade às normas e garantir a coesão, o funcionamento e a continuidade do todo social. Sem tal condição as sanções não causam efeito, por mais rigorosas ou violentas que sejam (p. 112).

Sendo assim, a norma-sanção, para atingir a sua legitimidade, depende do reconhecimento de um número significativo de indivíduos em um determinado agrupamento social. Ou seja, é preciso que ocorra um sentimento compartilhado sobre o que se é considerado justo, e assim, a norma não correrá o risco de se transformar em "letra morta".

2.4. Transformações sociais e direito

2.4.1. O conceito de mudança social

Antes de procurarmos entender as relações entre o direito e as transformações sociais, examinemos um pouco o próprio conceito de *mudança social*. Este conceito tem singular importância pois nos remete à questões sobre a estabilidade, manutenção ou transformação do ordenamento social. Entre os pesquisadores o termo já foi relacionado à ideia de progresso, bem como a de evolução, em especial no século XIX, que foi extremamente influenciado pelas teorias evolucionistas.[22] Entretanto, tem-se um certo consentimento de que o termo que melhor representaria a questão das transformações seria o de mudança social por ter uma maior neutralidade conceitual, superando assim a visão evolucionista.

Para o *Dicionário de Sociologia* organizado por Allan G. Johnson a mudança social é: "qualquer alteração nas características culturais, estruturais, demográficas ou ecológicas de um sistema social, como uma sociedade" (1997, p. 155). Consideremos essa definição apenas como um ponto de partida da nossa reflexão. Muitos outros elementos devem ser destacados para uma maior compreensão desse conceito.

A realidade social se compõe pela interação entre os indivíduos em um processo de dinamismo constante. Essa interação na vida social é o processo básico, e consideramos que sempre se tem a possibilidade para o surgimento de algo novo mesmo entendendo que o desenvolvimento desse novo estará, de certo modo, condicionado por determinados limites sociais. Entretanto, o que queremos destacar é que a sociedade está em constante movimento e o simples fato das pessoas se relacionarem já provoca alteração e dinamismo (SOUTO & SOUTO, 2003, p. 173).

Porém, há de se considerar, como nos indica Rosa (1981, p. 89), que nem tudo que se altera na vida humana em sociedade pode ser entendido como mudança social. Certos modismos, alterações não duráveis de comportamentos individuais ou até coletivos ou pequenas alterações setoriais sem muita repercussão na vida da sociedade são um

---

22 Destacamos aqui a definição de *evolução social* no *Dicionário de Sociologia* (1997, p. 102): "De acordo com alguns dos primeiros teóricos sociais, como Herbert Spencer, a evolução social é um processo através do qual as sociedades se desenvolvem de maneiras previsíveis, que em geral refletem progresso para formas 'mais altas' ou quase perfeitas de vida social. Inicialmente, os teóricos evolucionários, que seguiam as ideias de Charles Darwin e suas teorias de evolução biológica, argumentaram que a evolução social consistia de mudança unilinear, que seguia um caminho prescrito, como, por exemplo, de formas mais simples para mais complexas de organização social".

mero desenrolar de atividades humanas que não determinam uma modificação a longo prazo, e tudo acaba por se manter como antes.

Podemos, de uma forma geral, entender o conceito de mudança social por meio de duas maneiras distintas. A primeira pode ser entendida a partir de uma passagem gradativa de uma determinada configuração social para outra, através da substituição gradual de valores, padrões e novas formas sociais, econômicas e políticas. Já a segunda pode ser entendida como um processo revolucionário, a partir de uma mudança súbita e radical de uma estrutura social.

Algumas características essenciais podem ser associadas ao conceito de mudança social. Dentre elas gostaríamos de destacar o aspecto de ser um *fenômeno coletivo*, acabando por afetar as condições ou as formas de vida de seus componentes; possuir uma *identificação no tempo*, pois se refere a um recorte cronológico específico; ter o caráter de *permanência*, onde as transformações não devem ser passageiras nem superficiais, devendo conter o aspecto da durabilidade; e, finalmente, apresentar-se como uma *ação histórica*, alterando significativamente a organização social (LAKATOS, 1982, p. 241 ss).

Alguns fatores podem ser considerados como significativos para o engendramento de uma mudança social. Eva Maria Lakatos (1982, p. 243) os divide em quatro grupos:

1. **Fatores geográficos:** certas catástrofes naturais como inundações, secas, furacões, maremotos, e outros, podem alterar a organização de uma comunidade de forma transitória ou permanente. Sendo assim, podem ocorrer movimentos migratórios, reconstrução ou fundação de novas cidades etc.;
2. **Fatores biológicos:** uma elevada taxa de mortalidade, um rápido crescimento populacional e a miscigenação de grupos podem alterar a organização social, seja em seus aspectos econômicos, de organização do trabalho ou da distribuição de poder;
3. **Fatores sociais:** as invasões, guerras e conquistas, ou ainda os processos revolucionários modificam a vida social, como, por exemplo, a escravização de povos etc.;
4. **Fatores culturais:** as transformações nas ideias e nos valores, alterações no plano filosófico, difusão de religiões, bem como as descobertas científicas e invenções tecnológicas são exem-

plos de elementos que podem contribuir para uma profunda alteração da vida social.

A mudança social, portanto, é um conceito fundamental para o entendimento das transformações por que passam as sociedades. Por meio dele podemos perceber que elementos culturais ou estruturais mudam em um dado grupo social; podemos tentar desvendar as suas causas; analisar se as condições sociais são favoráveis ou não à mudança; ver que agentes promovem, influenciam ou propiciam as transformações, bem como perceber os mecanismos que a sociedade dispõe para tentar regular e orientar a sua própria direção.

2.4.2. A mudança social e o direito

Certamente a mudança social interage com o direito, não há como dissociá-los. Sendo assim, a criação de novas formas de vida pode fazer com que o ordenamento jurídico se altere. E nem poderia ser diferente, pois, ao considerarmos o direito como um fenômeno sociocultural as suas alterações são evidentemente inevitáveis. Diversas novas expressões podem surgir trazendo consigo mudanças legislativas para conformar o sistema jurídico a novas situações. Um exemplo dessa inovação pode ser percebido a partir da criação e da difusão das chamadas novas tecnologias. Estas acabam por exigir, cada vez mais, novas regulamentações, como a proteção da privacidade e a garantia dos direitos dos inventores e dos usuários de programa informáticos.

Outro exemplo que podemos citar como bastante emblemático dessas transformações do direito refere-se à percepção jurídica sobre a posição da mulher. Ana Lúcia Sabadell (2003) nos acrescenta afirmando que em muitos países ocorreu uma grande reforma legislativa principalmente nas áreas do direito constitucional, do direito da família, penal, do trabalho e internacional, visando estabelecer uma igualdade de gênero. Sendo assim, a apreensão do conceito de mudança social torna-se de fundamental importância para que se obtenha uma melhor avaliação da ordem jurídica.

Apesar de os sistemas jurídicos estabelecerem mecanismos de conservação e de controle social, isso não invalida o aspecto da inovação social. A realidade sociopolítca e econômica é um processo dinâmico e as suas modificações acarretam consequências na ordem jurídica. Alguns chegam a considerar que o direito tem um aspecto conservador: "o conceito de mudança social é relevante, dadas as funções que o Direito tem, do ponto de vista sociológico, de instrumento de controle social, por vezes agindo como fator de conservação, ou de educação, mas também, em outras oportunidades, como fator de transformação" (ROSA, 1981, p. 91).

O fato social é sempre dinâmico (SOUTO & SOUTO, 2003, p. 338) e, como o direito é um fato social para os sociólogos, o dinamismo faz parte deste processo. Por consequência, entendemos que o direito sempre muda conjuntamente com a sociedade, com as novas interpretações das leis já existentes, novas argumentações de convencimentos, novas demandas, novas leis e regulamentos, além de novos costumes.

Especificamente sobre as leis, que dependem de um processo legislativo, principalmente nos países democráticos, costuma-se dizer que elas chegam depois dos fatos, muito embora também haja casos em que se argumenta o inverso. Isso pode parecer que o direito tenha um caráter moroso ou conservador, porém não podemos esquecer que os operadores do direito costumam mudar suas interpretações jurídicas à luz dos novos fatos. Muitas leis quando criadas apenas sacramentam decisões que já vinham sendo proferidas pelos tribunais. Existe, assim, um processo próprio da construção do campo do direito que não depende apenas da criação da lei, embora esta seja fundamental para a consolidação da democracia e legitimidade do próprio direito.

É natural, também, que mudanças não ocorram sem ação e reação. Certamente elas podem favorecer alguns e prejudicar outros. Não raro, as mudanças ameaçam os que estão bem situados socialmente, aqueles indivíduos que já gozam de certos direitos, pois uma novidade pode ameaçá-los. Essa reação, ou mais precisamente conservadorismo (que tem certa conotação ideológica), ou simplesmente o conservantismo (que simplesmente vê na mudança um retrocesso), é natural. Essas resistências não ocorrem só com a ameaça de direitos, mas também com a exigência de maior trabalho. Um novo Código, por exemplo, leva os operadores do direito a ter que estudar novos assuntos, o que demanda tempo e investimento com o escopo de se manter atualizado. Até mesmo a troca de números de leis ou de seus artigos não são bem-vindos à parte de operadores do direito que já havia decorado-os. Como em todos os ramos profissionais, as mudanças geralmente são bem-vindas aos mais jovens que ainda estão em fase de experimentação e aprendizado, sendo mais difíceis de serem aceitas pelos que estão em fim de carreira. Logicamente, estamos falando de uma tendência e não de uma regra.

É certo que tendemos a ver no "novo" algo positivo, muito embora essa não seja uma premissa absoluta. As mudanças podem ser boas ou ruins dependendo do ponto de vista de grupo ou classes.

Para o ponto de vista dialético, a sociedade se transforma por meio de "choques" entre a tese e a antítese, dando origem à síntese. A tese é a situação existente, a antítese a inovação, que gradualmente se expande até ambas se chocarem e daí nasce uma terceira situação, a síntese, que passa a ser uma "nova" tese. As crises não são vistas, necessariamente, como algo ruim, mas como normais, se vistas de um ângulo mais distante (ou histórico).

Diferentemente é o pensamento funcionalista, que embora aceite mudanças graduais percebe as crises sociais como algo patológico e que, portanto, deva ser reprimido com veemência. A sociedade é, nesse sentido, comparada à um corpo biológico, onde os "órgãos" devem desempenhar bem as suas funções para que o todo seja harmonioso. Se algum "órgão" (instituição, grupo social etc.) não funciona bem ou tem algum problema, deve, então, sofrer alguma intervenção para que tal disfunção seja corrigida.

Outra questão que se relaciona diretamente com a ideia de mudança social se refere à determinação ou não dos fenômenos sociais. (2003, p. 26) defendem a possibilidade de uma lei científica, geral e rigorosa, de natureza determinística do movimento social, de aproximação ou de afastamento. Segundo os autores, não se deve confundir determinismo cientifico com exatidão. Os autores não concordam com a ideia de indeterminação defendida pelos chamados "estudos jurídicos críticos", de ideologia esquerdista. Para eles (p. 339):

> Se não é possível um determinismo de fenômenos sociais particulares, como os econômicos e os políticos, pode muito bem existir um determinismo das categorias altamente abstratas ou genéricas, como a ideia, sentimento, vontade, semelhança, distância mental, distância social (categorias essas tão gerais como a energia, matéria, massa, distância física).

Crítico ao determinismo, Merísio defende o *pluralismo*:

> O estudo do fenômeno social deve ser necessariamente pluralista: nada mais avesso à realidade do que o determinismo sociológico. Os processos factuais conduzem, em termos causais, ao surgimento de concepções

normativas generalizadas tão amplas e intrincadas, que impossibilitam a determinação das causas do surgimento da lei, tornando insignificante, perante a sociologia, a própria noção de fontes do Direito (2010, p. 72).

Outra forma de ver as mudanças sociais é por meio dos *sistemas* que se automodificam. Para Luhmann (1985, p. 120 ss), o fenômeno da mudança social pode persistir mesmo sem mudar o conjunto do direito formulado. E o oposto também pode ser observado. Nesse sentido, podem existir novas formulações do direito sem que ocorra qualquer mudança significativa no ordenamento social. Ainda segundo esse autor, o direito não pode ser considerado como uma forma de premissas que atuam estruturalmente na sociedade. A sociedade não pode ser entendida e estruturada somente por meio da sua constituição jurídica. O direito, para Luhmann, é apenas um componente estrutural entre outros. Entretanto, cabe destacar o alto grau de relevância que o direito acabou por se constituir nas sociedades contemporâneas, ao fato da possibilidade de seus mecanismos terem aspectos generalizantes e de institucionalização mais acessível.

O pensamento de Eugen Ehrlich (1986), anterior ao de Luhmann, também nos traz importantes reflexões sobre este aspecto. Ele, de forma mais radical, afirma que o direito não é o único componente do ordenamento social embora destaque a sua importância. O trecho abaixo elucida bem essa ideia:

> O direito, portanto, é a ordem da vida estatal, social, espiritual e econômica, mas não é sua ordem exclusiva; além do direito há outras ordens de importância equivalente e possivelmente mais eficientes. E, de fato, a vida se transformaria num inferno, se não estivesse regulamentada por outra coisa, a não ser o direito. É verdade que as normas extrajurídicas não são observadas estritamente, mas isto vale na mesma medida para as normas jurídicas. A máquina social é constantemente abalada em sua ordem. Porém mesmo que ela trabalhe com ruídos e fricções, o importante é que se mantenha em funcionamento. A continuidade do funcionamento é que estabelece os limites, dentro dos quais as normas devem e são observadas em todo país que possui uma vida mais ou menos ordenada (p. 51).

PARTE 3

Direito, comunicação social e opinião pública

Achamos que o título "Direito, comunicação social e opinião pública", talvez fosse compreendido melhor como "*Tribunal*, comunicação social e opinião pública". Propomos dividir o assunto em duas partes, uma em que o tribunal é o foco de atenção da imprensa e da opinião pública e a outra em que o tribunal é o agente divulgador de suas ideias. Este último tópico tem duas variantes:

1. O tribunal como objeto de notícia – a questão da opinião pública;
2. Comunicação do tribunal:

    2.1. Comunicação interna entre operadores e principalmente funcionários;

    2.2. Comunicação com a comunidade (externa).

A "comunicação social" é uma manifestação demasiadamente ampla e tem como um de seus agentes a mídia. No caso de nosso estudo, percebemos que a mídia faz a interação entre o tribunal e a opinião pública. Entendemos que a opinião pública também é forjada por meio da mídia, muito embora exista um espaço público que também cria opiniões de forma espontânea, ou a partir de um senso comum próprio, constantemente influenciado pelos meios de comunicação mais organizados. Antes da mídia se constituir e se consolidar, fator que se iniciou com o surgimento da imprensa, eram as instituições que fomentavam as informações gerais, como a própria lei, que outrora era afixada nos portões das cidades e em locais públicos. Os tribunais também tinham essa função. Como relata Boaventura Santos (2005, p. 82), em citação que se encontrará mais adiante (3.3.2.), durante séculos os tribunais foram importantes fontes de informação e de comunicação social. Nesse sentido, como nos indica Torquato (1986, p. 13): "A comunicação, que, enquanto processo, transfere simbolicamente ideias entre interlocutores, é capaz de, pelo simples fato de existir, gerar influências."

No Brasil colonial a imprensa era proibida e mesmo depois da independência a população utilizava meios criativos para divulgar as notícias e ideias. No conto de Machado de Assis, *O Alienista*, é relatado a existência da *matraca*, expressão que não tem equivalente no estilo moderno:

> Naquele tempo, Itaguaí que como as demais vilas, arraiais e povoações da colônia, não dispunha de imprensa, tinha dois modos de divulgar uma notícia; ou por meio de cartazes manuscritos e pregados na porta da Câmara, e da matriz; – ou por meio de matraca.
> Eis em que consistia este segundo uso. Contratava-se um homem, por um ou mais dias, para andar as ruas do povoado, com uma matraca na mão.
> De quando em quando tocava a matraca, reunia-se gente, e ele anunciava o que lhe incumbiam, – um remédio para sezões, umas terras lavradias, um soneto, um donativo eclesiástico, a melhor tesoura da vila, o mais belo discurso do ano, etc. O sistema tinha inconvenientes para a paz pública; mas era conservado pela grande energia de divulgação que possuía.

As informações passadas pela mídia têm grande conotação política. Mesmo nas notícias de colunas sociais ou de esportes encontramos mensagens politizantes com valorização de conceitos que atendem aos pontos de vista do órgão divulgador. O fato da mídia ser estatal ou privada não modifica muito essa situação. Sendo assim, as notícias sobre os tribunais são facilmente politizadas, quer quando são vistos como responsáveis por demandas não resolvidas pelos órgãos políticos próprios (judicialização), quer quando são apresentados como morosos, ineficientes ou injustos. Sendo assim, podemos perceber que ocorre uma certa "dramatização" das questões judiciais.

Por outro lado, a "comunicação social" deve também ser entendida como a própria interação entre os agentes judiciários, seja de forma hierárquica, que possui alto grau de comando (determinações, resoluções etc.), seja de forma horizontal, com conotação meramente informativa de eventos e avisos. Um instrumento próprio de divulgação do tribunal, como um site ou o diário oficial, são formas mais comuns para tal atividade. Entretanto, pode existir um departamento profissional que vise centralizar algumas atividades e estabelecer uma interação maior com a sociedade através da grande mídia. Esse meio de comunicação também é facilmente politizado, principalmente para atender interesses corporativos ou pessoais de agentes que atuam nos tribunais, muito embora se concentrem as informações mais técnicas e, se possível, dentro da linguagem própria de administração judiciária. Fazem parte deste campo tanto os órgãos oficiais dos tribunais como os jornais corporativos de funcionários, de advogados e juízes. Os meios de comunicação com fins lucrativos têm menor peso nesse ambiente, o que é deixado para a grande mídia.

3. OPINIÃO PÚBLICA, PESQUISA DE OPINIÃO E MÍDIA (O TRIBUNAL COMO OBJETO DA MÍDIA)

Não há consenso sobre o que seja a opinião pública. Uma definição simples pode ser entendida como visão coletiva de uma população sobre vários assuntos. Sérgio Cavalieri Filho a define como: "o pensamento predominante do grupo sobre uma determinada pessoa ou questão. É o juízo coletivo adotado e exteriorizado por um grupo" (CAVALIERI FILHO, 2004, p. 175).

Para alguns autores, diferentemente, ela representa um somatório de ideias individuais (Allan G. Johnson). Para outros, ela é resultado de um processo social mais amplo onde o todo não significa a soma das partes (Tarde). E ainda existe a corrente crítica que questiona até a possibilidade de se estabelecer a formação de uma opinião pública (Bourdieu e Champagne). A seguir, procuraremos entender melhor essas perspectivas.

Sobre a corrente que entende a opinião pública como um somatório de ideias individuais, nós podemos citar o pensamento de Allan G. Johnson (1997). Ao escrever o *Guia prático da linguagem sociológica*, este autor define o conceito de opinião pública nos seguintes termos:

> Opinião pública consiste das ideias agregadas de membros de uma população sobre vários assuntos. Poderia, por exemplo, ser expressa como a percentagem de adultos que aprovam o desempenho de um líder político, ou a percentagem dos que são favoráveis à legalização de drogas, como a cocaína e a maconha.

(...) A opinião pública é medida como a simples soma de ideias individuais em um dado tempo (...) A opinião pública radica-se em indivíduos e em suas mutáveis percepções e julgamentos pessoais (p. 162).

Observamos que esse trecho expressa uma visão muito difundida da opinião pública. Esta é entendida como uma coletânea das ideias individuais e, portanto, representa a expressão geral dessas ideias. Entretanto, essa posição é altamente criticável, como veremos a seguir.

Um autor, que embora escrevendo no início do século XX nos ajuda a aprofundar essa reflexão é Gabriel Tarde (2005). Em seu livro *A Opinião e as Massas* ele desenvolve ideias bem interessantes sobre a formação da opinião nas sociedades ocidentais modernas. Ele a insere em um processo social mais amplo, onde transcende a visão de somatório de ideias individuais.

Primeiramente gostaríamos de destacar a sua definição conceitual:

> A Opinião, diremos, é um grupo momentâneo e mais ou menos lógico de juízos, os quais, respondendo a problemas atualmente colocados, acham-se reproduzidos em numerosos exemplares de pessoas do mesmo país, da mesma época, da mesma sociedade (TARDE, 2005, p. 63).

Tarde argumenta que em todas as épocas ocorreu a formação de certa opinião a partir do estabelecimento de uma ideia comum. Entretanto, a noção de um espaço público de disseminação desta opinião só veio a ocorrer, principalmente, após a invenção da imprensa, no século XVI. Esse espaço público é uma representação coletiva que Tarde chamou de espiritual, pois os indivíduos mesmo estando separados possuem coesão mental. E um dos mais importantes canais de vinculação dessas ideias comuns seria a leitura habitual de publicações jornalísticas por parte dos indivíduos. Compartilhadas por multidões essas informações formariam uma espécie de sociabilidade, que transcenderia o contato face a face.

Entretanto, Gabriel Tarde não considera essa "opinião" como a única fonte do pensamento coletivo. Para o autor ela deve ser pensada como parcela de um campo social mais amplo, onde a opinião divide espaço com outras duas formas de desenvolvimento coletivo: a tradição e a razão.

Mas o interessante de toda essa análise é a percepção de que esta opinião mesmo sendo desigual e variável, de certo, contribui para a formação de um *valor* sobre as coisas, originando-se de um debate público de ideias.

Para Rubens Figueiredo e Sílvia Cervellini (1996), em seu livro *O que é Opinião Pública*, uma forma moderna de se conceber a opinião é através da concepção que leva em conta a sua pluralidade. Miranda Rosa (1981, p. 203) também nos acrescenta quando diz que não se deve reconhecer apenas a existência de uma opinião pública, mas sim a de diversas correntes de opinião, que podem se apresentar de forma contraditória e até mesmo conflituosa. De todo modo, tais correntes de opinião representariam uma visão coletiva, uma tendência geral que não é necessariamente a opinião de uma pessoa em particular.

No campo do direito, em especial no que se refere à ação dos tribunais, a opinião pública se volta principalmente para as avaliações do que se é considerado justo. A questão que se coloca então é sobre o sentimento de justiça que as sociedades possuem tendo por base normas de direitos específicas. Sendo assim Miranda Rosa nos acrescenta:

> O exame do sentimento de justiça abrange necessariamente o das normas existentes, sua adequação, ou não, ao que é tido como justo, a aprovação social das sanções que o Direito estabelece e garantidora da validez e eficácia das normas. Também abarca a maneira como a opinião do público se manifesta sobre o comportamento ilícito, ou a distância entre a desaprovação da norma jurídica a certa conduta, e a desaprovação que o consenso ético-social impõe à mesma forma de comportamento (MIRANDA ROSA, 1981, p. 204).

Segundo Ana Lúcia Sabadell (2003, p. 208), desde os anos 1950 a sociologia jurídica tem se utilizado de recursos estatísticos das sondagens de opinião pública para explicitar o conhecimento e o sentimento das pessoas em relação ao sistema jurídico. Em tais pesquisas, procura-se saber o nível de conhecimento das pessoas sobre a legislação; sobre a avaliação de determinadas leis, e a opinião sobre os operadores do direito, além do funcionamento do sistema judiciário.

De certo, essas pesquisas englobam um conjunto de indagações sobre a questão do prestígio do direito e de suas instituições. Quer dizer, além da preocupação sobre o que é justo, agora também o que está em pauta se refere à conveniência ou a utilidade social das normas jurídicas, e, portanto, a eficácia do sistema jurídico como um mecanismo de ordenamento social (MIRANDA ROSA, 1981, p. 205).

Nesse sentido, procura-se elucidar as opiniões acerca da eficiência dos órgãos de administração da justiça e sobre a questão da sua imparcialidade. Outro aspecto muito tocado nas pesquisas se refere à problemática da lentidão do processamento das questões judiciais, e sobre o elevado custo despendido pelas partes interessadas.

Agora, não podemos deixar de destacar a forte influência exercida pelos chamados *formadores de opinião* em todo esse processo. São aquelas pessoas que têm a oportunidade de expressar os seus pontos de vista, muitas vezes analisando os acontecimentos atuais de forma pública. Sendo assim, podemos citar a atuação dos pais, professores, líderes de grupos, jornalistas, articulistas políticos, tribunais etc. Esses formadores, ao exporem suas ideias, as lançam em um plano coletivo iniciando um processo de circulação cujo resultado é a opinião pública. E vale a pena destacar o papel da mídia como grande instrumento de veiculação dessas ideias.

Outro aspecto que julgamos de significativa importância refere-se às formas de utilização da opinião pública, principalmente no que se refere à questão política. Uma forma de se tentar mensurar, quantificar a opinião pública é através da realização de *pesquisas de opinião*. Através delas, por meios estatísticos, procura-se expor percentuais que possam representar uma visão, seja segmentada (por gênero, escolaridade, renda, e outros), seja coletiva (no sentido de uma visão geral, sem divisões) a respeito de determinado assunto da atualidade. Tais pesquisas são muito utilizadas quando existe uma polêmica em curso ou quando se quer implementar alguma proposta política. Os resultados são geralmente usados como fortes argumentos pró ou contra, tornando-se, assim, uma fonte de poder, que ganha força por apresentar-se como forma legítima da opinião da população sobre determinado assunto. Nesse sentido, nenhum governante pode exercer o poder político ignorando a opinião pública, pois ela tem a pretensão de se apresentar como portadora da vontade da maioria, e, portanto, seus resultados possuem uma expressiva força política. Entretanto, se pensarmos em outra perspectiva, ela também pode se apresentar como uma espécie de "vigia" de atos do governo, das instituições e dos políticos, devido à sua característica de explicitação valorativa dos atos e dos eventos. As pesquisas meramente estatísticas revelam um dado posto na realidade, e as pessoas as aproveitam para tomarem novas decisões. Via de regra, pesquisas acabam por influenciar futuras pesquisas. É conhecida a influência que as pesquisas eleitorais possuem sobre as decisões futuras dos votos dos eleitores. Também as pesquisas sobre temas polêmicos como o aborto, a eutanásia, os regimes de cotas, o casamento entre pessoas do mesmo gênero, a pena de morte etc., podem induzir muitos cidadãos a mudar de opinião para não serem vistos como uma minoria marginalizada.

Em uma linha mais crítica, apresentamos dois autores que fazem uma interessante reflexão sobre a utilização da opinião pública para fins políticos: Pierre Bourdieu (1981) e Patrick Champagne (1998). Para Bourdieu, em seu texto *A opinião pública não existe*, as pesquisas de opinião devem ser pensadas de forma mais cuidadosa, dentro de uma perspectiva ampliada, numa estrutura de poder. Destacamos abaixo alguns trechos que exemplificam seus argumentos:

> Em seu estado atual, a pesquisa de opinião é um instrumento de ação política, sua função mais importante consiste talvez em impor a ilusão de que existe uma opinião pública que é a soma puramente aditiva e opiniões individuais; em impor a ideia de que existe algo que seria uma coisa assim como a média das opiniões ou a opinião média (p. 3).

Sendo assim, o autor critica a visão de que a opinião pública apresentaria uma opinião média, por de fato não sê-la. Pretende-se, na verdade, garantir uma influência legítima por apresentar-se como sendo fruto de uma opinião geral.

Seguindo a visão crítica de Bourdieu, Patrick Champagne comenta que ao se realizar uma pesquisa de opinião, esta será sempre respondida pelos indivíduos de forma desigual. Ocorrerá sempre uma enorme variação de acordo com a bagagem cultural de cada indivíduo. Ou seja, ao responderem as questões as pessoas trazem toda uma gama de diferenciação estabelecida socialmente, e estes questionários não são capazes de elucidarem tais diferenças. Para este autor, ao serem intimados a dar uma opinião, de acordo com um questionário pré-estabelecido, os indivíduos produzem suas opiniões políticas de modos bem diversificados. Os profissionais das sondagens, com suas técnicas homogeneizantes, adicionam respostas que mesmo sendo idênticas são na realidade diferentes, porque as lógicas de sua produção foram bem diversificadas (CHAMPAGNE, 1998, p. 18).

Entretanto, mesmo conscientes da sua fragilidade representativa com relação às visões individuais, a opinião pública e os seus meios de visualização são fortes instrumentos de disputas simbólicas. Nas atuais democracias parlamentares podemos dizer que tais pesquisas se constituem elementos importantes e fundamentais do jogo político.

Após fazermos essa reflexão sobre o conceito de opinião pública e sua relação com pesquisas, queremos dedicar atenção ao que se convencionou chamar de mídia. A entendemos como apenas um dos meios de divulgação de notícias sob formas mais sofisticadas, profissionais e estruturais, especialmente por meio de empresas como as de TV, de rádios, de jornais, e de propagandas em geral – que vêm sendo chamadas por muitos de "quarto poder". A sua grande importância na sociedade é prevista na Constituição Federal, quando determina a imunidade tributária (art. 150, VI, "d"). E o art. 5º estabelece diversas regras, sobre a comunicação e a liberdade de expressão, desde que se tenha responsabilidade e a garantia dos direitos autorais:

> IV – É livre a manifestação do pensamento, sendo vedado o anonimato;
> V – É assegurado o direito de resposta, proporcional ao agravo, além da indenização por dano material, moral ou à imagem;
> IX – É livre a expressão da atividade intelectual, artística, científica e de comunicação, independentemente de censura ou licença;
> XIV – É assegurado a todos o acesso à informação e resguardado o sigilo da fonte, quando necessário ao exercício profissional;
> XXVII – Aos autores pertence o direito exclusivo de utilização, publicação ou reprodução de suas obras, transmissível aos herdeiros pelo tempo que a lei fixar;

A mídia, por sua vez, faz a mediação entre a informação e os que são informados, no caso entre o tribunal e a opinião pública. Quando essas instituições selecionam certas informações para serem enviadas ao público, já está, em grande parte, formando opiniões públicas. É como o professor ao indicar certas leituras ao aluno, direcionando sua formação cultural.

Até que ponto a mídia induz a opinião pública ou vice-versa? Ou seja, a opinião pública é algo espontâneo? Durkheim fala sobre um sentimento coletivo como algo natural:

> Os sentimentos que o crime ofende são, no seio de uma sociedade, os mais universalmente coletivos que existam, porque eles são estados particularmente fortes da consciência comum, é impossível que tolerem contradição (p. 51).

Se esse sentimento coletivo existe e é contrário às seleções de programas da mídia, como ele poderia se expressar? Eis a questão. Ou, até que ponto esse sentimento coletivo se manifesta e interfere nas programações da mídia? Talvez, só com um grau muito elevado de conflito entre mídia e sentimento coletivo é que poderia visualizar essa distinção. As pesquisas podem espelhar esse conflito, mas em geral elas são contratadas pela própria mídia, que, depois, as transformam em notícias.

A mídia é um dos principais meios de comunicação social, é constituída, principalmente, por empresas jornalísticas, que fomentam a comunicação de massa. Os profissionais da comunicação se especializaram em técnicas e conhecimentos, possuindo sua própria ética e valores de verdade que nem sempre coincidem com os dos tribunais. A "verdade" processual pode ser fictícia: o direito ou o delito sofrem prazos de prescrição e decadência, a absolvição pode ser declarada por falta de prova, por revelia, confissão ficta etc. A mídia, por sua vez, também pode chegar "facilmente" à uma verdade própria por meio de meros indícios. Ela tem a capacidade de permitir uma percepção mais imediata do acontecimento, o que a permite ser uma espécie de alternativa simbólica da instituição judiciária.

A opinião pública envolve tanto a população em geral como os que estão mais próximos e dependentes dos tribunais. Uma coisa é a população aprovar a conduta do tribunal, outra coisa são os funcionários, advogados e jurisdicionados aprovarem a conduta do tribunal, tema que trataremos no tópico posterior.

Enquanto o tribunal procura responder substancialmente às partes e aos interessados mais diretos do processo, e só em um plano mais distante à opinião pública, a mídia tem a missão de atender seu público próprio. Certamente este público é variado, em razão de expectativas diversas (esporte, política, moda etc). As notícias dos tribunais são as mais "dramatizadas", aquelas que envolvem personalidades famosas ou fatos surpreendentes, e são as que buscam as camadas mais amplas. As notícias mais técnicas geralmente atingem um público reduzido. Não que a técnica não seja apresentada ao grande público, mas de forma bem superficial e apenas para responder a determinado episódio. Isso faz com que a técnica sirva a um interesse pré-determinado, portanto com forte dose de parcialidade. A fuga de um único presidiário famoso faz com que a opinião pública, no calor da notícia, defenda o rigor da pena embora os outros 99% dos presidiários não tenham fugido. A mídia e a opinião pública tendem a defender leis mais rigorosas ou mais flexíveis em função de um único caso onde se cria um "consenso" de justiça, não pensando na mesma regra para todos os casos.

Em países como o nosso, os tribunais prestam serviços essencialmente públicos, enquanto a mídia é essencialmente comercial. Não se pode, assim, diagnosticar um tribunal apenas por meio da mídia e chegar à conclusões apenas por meio da opinião pública.

Boaventura Santos (2005b, p. 76-87) divide em três os tipos de diagnósticos da justiça. O primeiro é o diagnóstico *sociológico*, que é calcado na percepção dos cidadãos sobre o funcionamento dos tribunais. É o que permite mostrar o funcionamento real do sistema judicial e saber o que os cidadãos anônimos pensam, aqueles que só podem expressar publicamente a sua opinião se forem solicitados a responder uma pesquisa.

O segundo é o diagnóstico *político*, o que dá a "verdade" política, que é o mais influente porque tem atrás de si os meios de comunicação social.

O terceiro diagnóstico é o *operacional*, feito pelos operadores do sistema judicial: magistrados, advogados, funcionários, associações profissionais e conselhos do poder judicial. Frequentemente esse diagnóstico é mais reativo, pois, em regra, reage a uma pressão externa. Tem forte vertente funcional e corporativa.

Santos (2005b, p. 76) distingue duas grandes formas de justiça: a justiça de rotina e a justiça dramática. A primeira é responsável por 99% dos trabalhos do magistrado e funcionários, que cuidam dos interesses dos cidadãos, e dificilmente preocupa-se com a opinião pública. Já a justiça dramática, apesar de representar uma pequena fração do trabalho judicial, é a que atrai a atenção da comunicação social. A justiça dramática é a que leva os tribunais para a ribalta da mídia. Sempre que a dramatização ocorre, o diagnóstico político prevalece.

Segundo o autor:

> No Estado moderno, os tribunais não foram criados para resolver grandes problemas políticos-sociais ou para julgarem pessoas social e politicamente poderosas. No século XIX, as grandes questões sociais, como por exemplo as questões de prostituição, da fome, da crise urbana, da habitação, da criminalidade organizada, da corrupção, passaram, em grande parte, ao lado dos tribunais. Os tribunais ocupavam-se, sobretudo, com a micro-litigação das classes médias: o inquilino, o senhorio, o comprador, o vendedor, o comerciante, etc.
>
> Com o desenvolvimento do Estado-providência e a politização da vida social, o Estado procurou ter um raio muito maior. O surgimento dos direitos econômicos e sociais levou o Estado a intervir nas áreas de habitação, da segurança social, da saúde, da educação. A emergência destes direitos teve duas grande consequências: aumentou drasticamente o potencial de litigação e abriu caminho para que os tribunais fossem envolvidos na questão da justiça social e na avaliação da legitimidade da atuação do Estado e dos agentes e, com isso, passaram a ser mais controversos na sociedade. O caminho da micro-litigação para a macro-litigação (2005, p. 79-80).

Essa situação leva a dois tipos de avaliação do desempenho dos magistrados e dos tribunais. Uma coisa é fazer uma análise do desempenho em função de 99% do que é exigido, outra coisa é fazer uma análise em cima de alguns casos dramáticos, que chamam a atenção da mídia. É por isso que o diagnóstico sociológico é mais propício para avaliar o desempenho do tribunal, muito embora nem sempre o mesmo enfoque seja dado pelos meios de comunicação de massa. Por isso, Boaventura propõe uma espécie de pacto ou de reforma que envolva diferentes forças políticas com os agentes judiciais (magistrados, ministério público, advogados, funcionários), em direção ao desenvolvimento de uma cultura jurídica mais democrática.

Não poderíamos terminar esse tópico sem citar o livro de grande destaque do francês Antoine Garapon, *O Juiz e a Democracia – O guardião das promessas*, de 1996. Até que ponto a atuação da mídia se relaciona de forma positiva com a justiça? Garapon não defende nem a mídia e nem o judiciário. Critica severamente aqueles juízes que buscam a mídia para terem um ativismo judicial, fugindo assim à hierarquia do judiciário. Critica também a mídia por dar demasiado destaque em questões sem maior importância para a democracia; e põe em relevo a problemática da "verdade" da notícia. Já tivemos oportunidade de citá-lo na parte em que tratamos dos juízes, mais especificamente sobre o ativismo judicial. Agora o citaremos na parte que diz respeito à relação entre mídia e juízes ativistas. Sobre estes, assim se manifesta:

> Alguns indivíduos aproveitam a mídia para se emancipar de qualquer tutela hierárquica. Ela lhes oferece um acesso direto, conforme expressão, conforme expressão de Perelman, ao "auditório universal", quer dizer, à opinião pública. Um juiz considera-se prejudicado por sua hierarquia? Ele apela imediatamente para a arbitragem da opinião pública (p. 66).

Trata-se do que o autor chama de "desvio populista", devido ao enfraquecimento do Estado. "Juízes, cuja celebridade não foi alcançada por seus méritos e sim graças à estatura das personalidades que puseram sob sua investigação, são tentados a aproveitar esse poder" (p. 75).

A verdade que "vem à tona" despreza as técnicas processuais, ou estas passam a ser vistas como astúcia, argúcias, que impedem a verdade da mídia. "A mídia desperta a ilusão da democracia direta, quer dizer, o sonho de um acesso à verdade, livre de qualquer mediação" (p. 75).

> A mídia, oferece um prêmio àquele que não só conta a melhor história, mas também a conta melhor. Ela reforça o efeito da verdade em detrimento da verdade; a sedução em detrimento da argumentação (p. 79).

Para Garapon, o árbitro passa a ser o jornalista e não o juiz (p. 80). O autor por fim defende uma nova ética para os juízes e jornalistas.

3.1. Comunicação do tribunal (interna e externa)

Em um grau menor, os tribunais também possuem seu próprio órgão de comunicação, divulgando as declarações de seus membros, desde as mais institucionalizadas até as mais individuais por meio de entrevistas, artigos de revistas etc. É verdade que, nestes casos, a instituição-tribunal não se responsabiliza por tais declarações, porém há regras legais e éticas que disciplinam a matéria, criando um regramento próprio. Por exemplo, os advogados não podem revelar segredos profissionais e os juízes não podem se manifestar, por qualquer meio de comunicação, a sua opinião sobre processo pendente de julgamento. Há, aqui, um rito ético e uma norma legal estabelecendo que um profissional não deve interferir na atuação do outro. Essas regras disciplinam não só o que ocorre "dentro do processo", mas também o que é exposto ao público. Quando se trata das questões concretas e individualizadas dos clientes-jurisdicionados, ao "público" é permitido assistir as audiências, salvo nos poucos casos de segredo de justiça. É bem verdade que essas regras legais e éticas que disciplinam o campo do direito nem sempre funcionam como desejado, pois elas não foram criadas levando-se em consideração as regras legais e éticas dos meios de comunicação de massa. O jornalista não é obrigado a revelar sua fonte por força de norma constitucional, o que difere fundamentalmente da produção de provas processuais. Distinções desse tipo demonstram o quanto os conceitos de verdade e de justiça, dentre outros, não procedem da mesma forma entre a conclusão do rito do direito e o rito da mídia. Mas é extremamente possível a convivência entre ambas, bastando que o expectador, o leitor, o jurisdicionado e todos os que recebem esses serviços saibam distingui-los, aproveitando ao máximo cada um deles.

Outro aspecto a ser observado é a oscilação da opinião pública sobre o direito, que acontece, principalmente, após eventos que ferem o sentimento coletivo de determinado grupo da sociedade. Por exemplo, após um crime ou um escândalo político, tais opiniões se manifestam sob a forma de indignação e acentuam-se os clamores por medidas mais repressivas. Uma vez cessada a comoção, a opinião pode se alterar de forma significativa.

Percebemos que as diversas correntes de opinião buscam emitir julgamentos e valores a respeito do sistema judiciário, e este não pode fechar os olhos para essas avaliações. Sendo assim, está em pauta a própria legitimidade do sistema jurídico entre a população. Aqui nos apropriamos de um trecho de Sérgio Cavalieri Filho que expressa bem esse ponto:

> Quando a opinião pública se forma no sentido de considerar uma determinada instituição deficiente, ineficaz, sem credibilidade, então é alto tempo de se procurar saber onde estão as causas dessas deficiências e de se realizarem as mudanças necessárias, sob pena de se tornar a instituição totalmente irrecuperável (CAVALIERI FILHO, 2004, p. 183).

Portanto, podemos verificar que o desconhecimento do sistema judiciário por parte da população pode corroborar para o seu grande distanciamento em relação à esta instituição. A tecnicização do judiciário acabou por criar uma estrutura discursiva que se tornou apenas compreensível entre os seus membros. A elevada codificação linguística da informação em circulação acabou por transformar a atividade judicial quase que incomunicável para além do âmbito institucional profissional.

Daí a importância de se estabelecer novas formas comunicativas entre os tribunais e a sociedade. Nesse contexto, é que emerge a problemática da relação entre os Tribunais e as Novas Tecnologias de Comunicação e de Informação (NTCI).

Como já analisamos, a questão da comunicação social é um dos aspectos pensados em um conjunto de reformas mais amplas do judiciário, como a utilização de novas técnicas de gestão, com novas regras e estilos de atuação profissional. Nessas novas concepções, as tecnologias de informação ocupam uma posição primordial. A questão do aumento da eficiência dos tribunais está diretamente associada à questão da legitimação dessa instituição como um importante agente de atuação política e social. As tecnologias e os interesses comunicacionais, como afirma Boaventura Santos, acabam por recolocar a ação dos tribunais na esfera da conflituosidade social (SANTOS, 2005a, p. 85). Esses interesses comunicacionais contribuem para questionar as prerrogativas técnico-profissionais que o sistema judiciário atribui a si próprio. Esses conhecimentos técnicos e específicos não devem ser pensados como um fim em si mesmos (SANTOS, 2005, p. 86). Eles devem ser pensados como meios, que estão em constante interação com o ambiente social e daí a importância de serem criados mecanismos que facilitem essa comunicação.

Gostaríamos de citar um trecho do Miranda Rosa que conclui bem essa parte do texto:

> A opinião que prevalece em determinadas sociedades, principalmente nas sociedades de massas em que se transformaram quase todas neste século (XX), depois do extraordinário progresso tecnológico que, pelo aperfeiçoamento das comunicações, fez "encolher" o planeta, tem meios, assim de ser medida e investigada no que se refere à ordem jurídica, de modo a permitir o tratamento dos fatos sociais ligados ao Direito e à própria formação daquela opinião, de forma eficiente e útil.

Uma investigação dessa espécie permitirá mais eficiente formulação de projetos legislativos e providências dos órgãos sociais (p. 212).

3.1.1. Enfoque regulamentar-administrativo

Como dissemos anteriormente, a comunicação própria do tribunal opera em direção a dois públicos: 1) comunicação interna entre operadores e principalmente funcionários e 2) comunicação com a comunidade (externa). Nos *considerandos* da Resolução nº 85 do CNJ, são utilizadas as designações "comunicação interna e divulgação externa". Elucidaremos melhor essa classificação.

A comunicação do primeiro item (interna) opera-se entre o tribunal enquanto instituição e seus operadores, principalmente serventuários, juízes e advogados e, em um segundo plano, com os jurisdicionados, a mídia e a comunidade próxima. Esse tema tem maior importância para a gestão administrativa. A iniciativa é do próprio tribunal (de dentro para fora, comunicação ativa) e os temas que prevalecem são mais técnicos e administrativos, dirigidos aos seus funcionários, advogados e jurisdicionados. Os temas envolvem os seus atos administrativos dirigidos aos funcionários, juízes, advogados, partes e transeuntes dos fóruns. Essa comunicação interna consta na Resolução nº 85 do CNJ: "incentivar, no âmbito dos magistrados e servidores, através da comunicação, a integração com as ações previstas nesta Resolução, de modo a garantir a eficácia dos objetivos nela colimados" (item V do art. 1º).

A comunicação externa do tribunal está voltada para a divulgação de suas próprias notícias, assim como de suas campanhas, buscando uma melhor interação com a mídia e a opinião pública. Esse tipo de comunicação se dá em um movimento de dentro para fora do tribunal, e não como ocorre frequentemente, quando as notícias envolvendo o tribunal são formuladas por critérios e iniciativas da mídia. Pode-se dizer que o tribunal procura influenciar as notícias que são destacadas pela mídia, mas, sobretudo, independentemente desta, ele tem seus próprios instrumentos de comunicação, como sites, cartazes, programas próprios em televisão e rádio, cartilhas e panfletos de modo geral. Um exemplo de campanha maciça desenvolvida apelo CNJ foi o Movimento pela Conciliação, sendo determinada a constituição de uma comissão permanente encarregada de divulgar suas atividades, interna e externamente (Recomendação nº 8 do CNJ). A divulgação foi feita por meio de cartazes, *spots*, adesivos, camisetas, *banner*, anúncios, cartilha e *folder*. A população assistiu diversos anúncios na televisão sobre a campanha, com técnicas de comunicação de massa (ver ALEMÃO & SOARES, 2009). A Resolução nº 85 do CNJ dá enorme destaque a esse tipo de comunicação social.

A resolução considera existir uma crescente exigência da sociedade por uma comunicação de maior qualidade, eficiência e transparência, capaz de facilitar o conhecimento e acesso dos cidadãos aos serviços do Poder Judiciário. Reafirma que, para atingir esses objetivos é necessário o estabelecimento de uma política nacional de comunicação social integrada para o Poder Judiciário, que defina estratégias de procedimentos e estabeleça os investimentos necessários, de modo a cobrir os dois grandes vetores de sua atuação: a comunicação interna e a divulgação externa.

A Resolução nº 85 do CNJ, em seus *considerandos* lembra, ainda, que o aprimoramento da comunicação com o público externo é um dos objetivos estratégicos do Judiciário:

> Com linguagem clara e acessível, disponibilizando, com transparência, informações sobre o papel, as ações e as iniciativas, o andamento processual, os atos judiciais e administrativos, os dados orçamentários e de desempenho operacional do Poder Judiciário.

Entre os **objetivos principais**, previstos no art. 1º da Resolução nº 85 do CNJ, apenas o do item V é voltada para o seu interior, todas outras estão voltadas para o público externo:

> **Art. 1º** – As ações de Comunicação Social do Poder Judiciário passarão a ser desenvolvidas e executadas de acordo com o disposto nesta Resolução, tendo como objetivos principais:
> I – Dar amplo conhecimento à sociedade das políticas públicas e programas do Poder Judiciário;
> II – Divulgar, de forma sistemática, em linguagem acessível e didática, os direitos do cidadão e os serviços colocados à sua disposição pelo Poder Judiciário, em todas as suas instâncias;
> III – Estimular a participação da sociedade no debate e na formulação de políticas públicas que envolvam os seus direitos;

IV – Disseminar informações corretas sobre assuntos que sejam de interesse público para os diferentes segmentos sociais e que envolvam as ações do Poder Judiciário;
V – Incentivar, no âmbito dos magistrados e servidores, através da comunicação, a integração com as ações previstas nesta Resolução, de modo a garantir a eficácia dos objetivos nela colimados;
VI – Promover o Poder Judiciário junto à sociedade de modo a conscientizá-la sobre a missão exercida pela Magistratura, em todos os seus níveis, otimizando a visão crítica dos cidadãos a respeito da importância da Justiça como instrumento da garantia dos seus direitos e da paz social.

Já as **diretrizes** da comunicação social do tribunal, são estabelecidas no art. 2º:

I – Afirmação dos valores e princípios da Constituição Federal;
II – Atenção ao caráter educativo, informativo e de orientação social;
III – Preservação da identidade nacional;
IV – Valorização da diversidade étnica e cultural e respeito à igualdade e às questões raciais, etárias, de gênero e de orientação sexual;
V – Reforço das atitudes comportamentais que promovam o desenvolvimento humano e o respeito ao meio ambiente;
VI – Valorização dos elementos simbólicos das culturas nacional e regional;
VII – Vedação do uso dos meios de comunicação social para a promoção pessoal de magistrados ou servidores, em ações desvinculadas das atividades inerentes ao exercício das funções do Poder Judiciário;
VIII – Adequação das mensagens, linguagens e canais aos diferentes segmentos de público, utilizando sempre uma forma simplificada acessível àqueles que desconhecem as expressões típicas do universo jurídico;
IX – Valorização das estratégias de comunicação regionalizadas;
X – Uniformização do uso de marcas, conceitos e identidade visual utilizados na comunicação judiciária, respeitadas aquelas inerentes aos Poderes Judiciários estaduais como os seus respectivos brasões;
XI – Observância da eficiência e racionalidade na aplicação dos recursos públicos.
XII – Difusão de boas práticas na área de Comunicação.

As ações de comunicação social do Poder Judiciário compreendem as seguintes áreas, conforme art. 3º da Resolução:

I – Imprensa
II – Relações Públicas
III – Comunicação Digital
IV – Promoção
V – Patrocínio e
VI – Publicidade, que se classifica em:
   a) Publicidade de utilidade pública;
   b) Publicidade institucional;
   c) Publicidade mercadológica;
   d) Publicidade legal.

A comunicação social do Poder Judiciário é dirigida por uma complexa rede de órgãos, que procura profissionalizar a comunicação social:

O denominado **Sistema de Comunicação do Poder Judiciário (SICJUS)** é integrado pelas:
   a) Assessoria de Comunicação Social do Conselho Nacional de Justiça, como órgão central;
   b) Secretarias de Comunicação dos Tribunais Superiores, como órgãos de subsistema;
   c) E pelas coordenadorias ou unidades administrativas de Comunicação Social dos Tribunais de Justiça dos Estados e dos Tribunais Federais como órgãos operacionais.

Também ficou instituído pela Resolução nº 85 do CNJ o **Comitê de Comunicação Social do Judiciário** (art. 8º), de caráter consultivo, com o objetivo de assessorar a Comissão de Assuntos Interinstitucionais e de Comunicação e o Plenário do Conselho Nacional de Justiça, na definição de parâmetros e procedimentos relacionados com ações de Comunicação Social.

O Comitê de Comunicação Social do Judiciário é composto por representantes dos órgãos centrais e demais unidades do SICJUS. Cabe ao Comitê de Comunicação Social do Judiciário:
   I – Manifestar-se sobre as ações de propaganda, observados os parâmetros e procedimentos definidos pela Assessoria de Comunicação Social do CNJ;
   II – Identificar e difundir as boas práticas para o aprimoramento de processos e mecanismos a serem adotados no exame, seleção e avaliação de campanhas institucionais.

As ações de Comunicação Social do Poder Judiciário deverão ser objeto de planos plurianuais elaborados pelo SICJUS, por meio do Comitê de Comunicação Social do Judiciário. Também cabe ao órgão central do SICJUS, em conjunto com os órgãos de subsistema, em suas áreas de jurisdição:

> I – Coordenar o desenvolvimento e a execução das ações de publicidade, classificadas como institucional ou de utilidade pública, de responsabilidade do Conselho Nacional de Justiça e dos Tribunais Superiores, quando exijam esforço integrado de comunicação e, quando for o caso, do Supremo Tribunal Federal;
>
> II – Supervisionar o conteúdo de comunicação das ações de publicidade, classificadas como institucional ou de utilidade pública do Conselho Nacional de Justiça e dos Tribunais Superiores, desenvolvidas em consonância com suas políticas, diretrizes e orientações específicas e quando for o caso, do Supremo Tribunal Federal;
>
> III – Zelar, nas ações de publicidade do Poder Judiciário, pela observância dos objetivos e diretrizes previstos nos artigos 1º e 2º, no tocante ao conteúdo da comunicação e aos aspectos técnicos de mídia;
>
> IV – Elaborar sugestões de políticas, diretrizes, orientações e normas complementares desta Resolução para, ouvida a Comissão de Assuntos Interinstitucionais e de Comunicação, serem submetidas à aprovação do Conselho Nacional de Justiça;
>
> V – Orientar as ações de Comunicação Social das áreas relacionadas no art. 3º e outras subsidiárias ou complementares a elas, realizadas com recursos orçamentários de cada segmento do Poder Judiciário, com observância da eficiência e racionalidade na sua aplicação;
>
> VI – Orientar a adoção de critérios de utilização de marcas para ações de publicidade e a identidade visual do Judiciário, nos sítios e portais dos órgãos do Poder Judiciário na *internet*.

Cabem às demais unidades administrativas, sem prejuízo da subordinação administrativa aos órgãos de que fazem parte:

I – Atender às normas pertinentes às ações, atos e processos de que trata esta Resolução ou dela decorrentes;
II – Submeter ao Conselho Nacional de Justiça as ações de publicidade, conforme venha a ser disciplinado em ato do Presidente do Conselho;
III – Elaborar planos anuais de comunicação, em consonância com as diretrizes gerais aprovadas pelo SICJUS e respeitadas as peculiaridades regionais;
IV – Submeter previamente à aprovação do Comitê de Comunicação Social do Judiciário os editais para a contratação de agências para a contratação de serviços de publicidade e propaganda;
V – Observar a eficiência e racionalidade na aplicação dos recursos públicos destinados às ações de Comunicação Social;
VI – Zelar pelo relacionamento profissional com a imprensa e viabilizar os meios necessários ao atendimento da demanda de informações jornalísticas dos veículos de comunicação.

3.1.2. Enfoque sociológico

Se a comunicação social já é, há tempos, tratada pela sociologia do direito, mais recentemente a sociologia da administração da justiça vem dando destaque ao assunto. Importante destacar que as novas técnicas de informática facilitam em muito a comunicação em rede, com custos reduzidos e profundidade das informações. Também há a massificação de informações. Antes, o andamento dos processos era informação quase que exclusiva dos advogados, mas hoje, qualquer um pode acompanhar a tramitação de seu processo pela *internet*. As leis e principalmente os atos administrativos dos tribunais que antes eram difíceis de serem achados, agora constam nos sites dos tribunais, embora ainda tenha muito a ser desenvolvido. O próprio processo digital já é uma realidade. Desde as informações de interesse tipicamente das partes, dos advogados e dos funcionários, até campanhas que envolvem a mídia tornam o assunto de extrema importância. Isso provoca a perspectiva de aproximar os tribunais de uma parcela maior de cidadãos, fato que até então era destacado pela sociologia. Sendo assim, os tribunais, aos poucos, fogem do isolamento que se encontravam no século XIX e início do século XX.

Interessante é perceber que o próprio Weber, no início do século XX, já identificara tal processo de distanciamento do cidadão comum em relação aos códigos discursivos do sistema judiciário, como podemos observar no seguinte trecho:

> Mas, qualquer que seja a forma que assumam o direito e a prática jurídica, sob essas influências, seu destino inevitável, como consequência do desenvolvimento técnico e econômico e a despeito de toda judicatura leiga, será o desconhecimento crescente, por parte dos leigos, de um direito cada vez mais repleto de conteúdos técnicos – isto é, a especialização do direito, e a crescente tendência a considerar o direito vigente um aparato técnico com conteúdo desprovido de toda santidade racional e, por isso, modificável a cada momento, conforme fins racionais (WEBER, 2004, p. 153).

Luhmann também alertava para as dificuldades de aproximação entre o tribunal e a população. Indicava processo semelhante ao de Weber, e ainda acrescentava afirmando que mesmo que os cidadãos se dispusessem a conhecer melhor o sistema judiciário. E isso não seria conveniente, pois o esforço obtido seria desproporcional ao resultado obtido (LUHMANN, 1985, p. 55). Sendo assim, cada vez mais os cidadãos se tornariam dependentes de profissionais especializados do direito para obter a resolução de problemas, mesmo aqueles mais simples.

E tal desconhecimento não se apresenta somente em relação às normas. A população, em sua grande maioria, também desconhece o funcionamento do próprio sistema jurídico, desconhecendo as regras processuais e os efeitos das decisões dos tribunais. Mas isso não chega a ser um obstáculo intransponível, pois o próprio leigo começa a exigir mais explicações dos tribunais e dos advogados, popularizando algumas expressões jurídicas. De certa forma, essa popularização dos atos processuais é um reflexo da judicialização e do maior acesso á justiça das últimas décadas. Hoje, toda a população acompanha ao vivo os julgamentos do STF pela TV. Aquilo que já era público passou a ter audiência pública.

Devemos também destacar que, quanto mais a comunicação social se desenvolve, procurando reduzir o isolamento do Judiciário, também surgem novas técnicas processuais, novos temas e novas lides também complexas.

É interessante observar por um ângulo mais histórico que essa nova realidade de aproximação entre tribunal e comunidade provavelmente não seja algo tão novo. Talvez, tenhamos vivido, sim, um período de grande distanciamento, mas agora estejamos procurando retomar essa proximidade.

Boaventura de Sousa Santos também destaca uma profissionalização da função judicial. Sendo assim, o conhecimento técnico passou a ser prioritário na comunicação dos tribunais, a ponto de se transformar em uma construção discursiva que delimita fronteiras de exclusão em relação aos que o desconhecem. Esse conhecimento técnico-jurídico permitiu, para Santos, aprofundar e potencializar os fluxos de informação e de comunicação. Entretanto, acabou por reduzi-los ao pequeno círculo de profissionais do ramo.

Podemos situar o primeiro ângulo, com a colocação de Boaventura Santos (2005, p. 82):

> Durante séculos os tribunais foram importantes fontes de informação e de comunicação social. Ainda o são hoje em sociedades camponesas, de vários continentes onde vive cerca de metade da população mundial. Nessas sociedades, a resolução de litígios é uma ocasião privilegiada para divulgar informação socialmente relevante tanto do ponto de vista fático como do ponto de vista normativo. (...)
> O papel dos tribunais enquanto instâncias de informação e de comunicação social foi drasticamente alterado a partir do séc. XIX com a consolidação do estado moderno, o movimento da codificação, o monopólio estatal da justiça e a profissionalização da função judicial. A partir daí, o conhecimento técnico passou a dominar a informação e a comunicação, ao ponto de estas se transformarem, elas próprias, em artefactos discursivos técnicos de que são excluídos todos os que não dominam o conhecimento especializado que lhes subjaz. O conhecimento técnico-jurídico permitiu adensar e potenciar os fluxos de informação e de comunicação mas reduziu os agentes desse fluxo ao pequeno círculo dos profissionais intervenientes. O público não profissional, incluindo as partes e as testemunhas, passou de sujeito de informação a objeto de informação.

Santos passa a tratar de estudos que começaram a surgir a partir de meados do século XX sobre os tribunais enquanto sistemas de informação e de comunicação, relacionados exclusivamente ao circuito interno: à informação e comunicação que circula dentro dos tribunais, entre os diferentes setores da instituição, e entre os diferentes profissionais que nela atuam:

> Trata-se, pois, de uma informação técnica sujeita a critérios estritos de relevância partilhados por todos os operadores do direito. A elevada codificação linguística e semântica da informação em circulação fez com que ela se tornasse incomunicável para além do circuito institucional-profissional. Foi assim que os tribunais e a atividade judicial se transformaram na mais esotérica das instituições e atividades estatais da modernidade. É neste contexto que surge, a partir da década de noventa do século passado, a problemática da relação entre os tribunais e as novas tecnologias de comunicação e de informação (NTCI) e, em especial, da relação entre os tribunais e a comunicação social (idem p. 84).

Santos se refere a duas vertentes desse processo, intensificado com as novas técnicas de comunicação, que, na verdade, espelham os dois ângulos de que tratamos inicialmente:

> As duas vertentes são, como referi, o impacto das novas tecnologias de comunicação e de informação na gestão dos tribunais e no acesso à informação, por um lado, e o impacto da comunicação social no relacionamento dos tribunais com a sociedade, por outro. Estas duas vertentes estão mutuamente implicadas, mas, curiosamente, são normalmente tratadas em separado por especialistas diferentes. Se a primeira vertente é, na aparência, mais técnica do que política, a segunda é, na aparência, mais política do que técnica. A verdade é que são ambas questões técnicas e políticas. O que acontece é que, vistas da perspectiva dos tribunais, as novas tecnologias de comunicação e de informação surgem na primeira vertente como solução e na segunda, como problema. No entanto, não se pode ter a solução sem o problema, tal como não se pode abordar a questão técnica sem a questão política. Exige-se, pois, uma análise integrada das duas vertentes (idem, p. 87).

PARTE 4

Conflitos sociais e mecanismos de resolução

4. SISTEMAS NÃO JUDICIAIS DE COMPOSIÇÃO DE LITÍGIOS

A partir das novas demandas surgidas a partir das décadas de 1950-60, surge o que é chamado de *explosão de litigiosidade*. Santos (1986, Introdução), como citamos anteriormente, apresenta três grupos temáticos:
1. Acesso à justiça.
2. Administração da justiça enquanto instituição política e organizacional, dirigida à prestação de serviços especializados.
3. Litigiosidade e os mecanismos de sua solução existentes na sociedade.

4.1. Acesso ao direito e à justiça

No primeiro capítulo, já falamos a respeito da administração da justiça. Neste tópico falaremos especificamente sobre o primeiro e o terceiro tema. Primeiramente, daremos atenção à questão do acesso á justiça.

No final do século XX e início do século XXI intensificaram-se as políticas de reformas de gestão pública. Procurou-se, também, dar destaque à gestão dos tribunais, como reflexo da globalização e da inserção de novas técnicas informáticas. É significativa a manifestação do Ministro Gilmar Mendes, no encerramento do *II Encontro Nacional do Judiciário* de Belo Horizonte, em 16 de fevereiro de 2009:

O ponto central a ser buscado na gestão estratégica é o equilíbrio no alcance dos objetivos que aqui definimos. Não há celeridade sem cidadania ou responsabilidade social; pouco adianta acesso à justiça (porta de entrada) se não houver efetividade no cumprimento da decisão proferida; não se faz gestão estratégica alinhada e integrada se não há orçamento compatível e proporcional; de nada valem ferramentas tecnológicas potentes se os magistrados e servidores não estiverem capacitados para a sua operação. A construção desproporcional dos pilares, assim como a não construção de algum deles, pode comprometer a estrutura.[23]

O chamado *acesso à justiça* tem muita relação com as possibilidades de soluções existentes na sociedade. Para Nalini (1992, p. 19):

> O acesso à justiça deixou de ser um tema teórico para encontrar reflexo no texto constitucional e para representar um contínuo esforço de todo operador jurídico brasileiro, no sentido de alargar a porta da justiça a todos, principalmente os excluídos. Assim, além de um "tema" o acesso à justiça também é um "movimento".

De fato, o acesso à justiça passou a significar quase que um movimento internacional em prol do direito. Mas sua definição ainda possui conotações diversas. Cappelletti & Garth já afirmavam que:

> A expressão acesso à Justiça é reconhecidamente de difícil definição, mas serve para determinar duas finalidades básicas do sistema jurídico – o sistema pelo qual as pessoas podem reivindicar seus direitos e/ou revolver seus litígios sob os auspícios do Estado. Primeiro, o sistema deve ser igualmente acessível a todos; segundo, ele deve produzir resultados que sejam individual e socialmente justos (1988, Introdução).

Cappelletti & Garth (1988) retrataram as famosas três ondas de inovações: a primeira de assistência judiciária, a segunda de representação jurídica para os interesses difusos, e a terceira de novos mecanismos procedimentais que envolvem reformas que extrapolam o âmbito do Judiciário.

---

23 Disponível em: <http://www.cnj.jus.br/images/imprensa/discurso%20de%20encerramento.pdf>.

A questão do acesso à justiça tem mais de um sentido. A expressão tanto se refere ao sentido do direito material, ou seja, conquista e consolidação de direitos, como do acesso à jurisdição (normalmente o Poder Judiciário). O primeiro relaciona-se à conquista do direito e o outro ao gozo. O primeiro, do direito em si, é estudado pelos juristas do direito material e pelos filósofos do direito, a chamada "teoria da justiça". Já o acesso à instituição é mais estudado pelos juristas processualistas e pelos sociólogos do direito.

Preferimos utilizar a denominação acesso *ao direito e à justiça*, do que simplesmente acesso à justiça, como fundamentam Santos, Pedroso, Trincão e Dias (2002, Introdução):

> No final dos anos setenta, Mauro Cappelletti e Brian Garth (1978) coordenaram um grande projeto de pesquisa sobre o acesso ao direito e à justiça. Nesse projeto, propuseram dois caminhos analíticos. O primeiro, identificava o acesso ao direito e à justiça com a igualdade no acesso ao sistema judicial e/ou à representação por um advogado num litígio. O segundo, mais amplo, encarava o acesso ao direito como garantia de efetividade dos direitos individuais e coletivos. É a visão abrangente que privilegiamos.

O tema acesso ao direito e à justiça envolve aspectos da democracia, cidadania e cultura. Assim também nos informam os autores acima citados (2002, p. 1-3):

> Os estudos realizados pela sociologia judiciária revelam-nos que os obstáculos ao acesso efetivo à justiça por parte das classes populares são de três tipos: econômicos, sociais e culturais. Os custos econômicos compreendem, nomeadamente: preparos e custas judiciais; honorários de advogados e outros profissionais como, por exemplo, peritos; gastos com transporte e outros; uma série de custos de oportunidade com valor econômico, para além dos custos resultantes da morosidade. Todos estes custos tornam dispendiosa e proporcionalmente mais cara para as ações de pequeno valor, por alguns destes custos serem rígidos, o que vitimiza mais a intervir.
> A sociologia da administração da justiça tem-se, assim, ocupado também dos obstáculos sociais e culturais ao efetivo acesso á justiça por parte dos grupos sociais mais vulneráveis e este constitui, talvez, um dos campos de investigação mais inovador. Os estudos revelam que a distância dos cidadãos à administração da justiça é tanto maior quanto

mais baixo o estrato social a que pertencem e que essa distância tem como causas próximas, não apenas fatores econômicos, mas também fatores sociais e culturais, ainda que uns e outros possam estar mais remotamente relacionados com as desigualdades econômicas.

Em primeiro lugar, os cidadãos de menores recursos tendem a conhecer pior os seus direitos e, portanto, a ter mais dificuldades em reconhecer como jurídico um problema que os afeta – ignoram quer os direitos em jogo, quer as possibilidades da sua reparação jurídica.

Em segundo lugar, mesmo reconhecendo o problema jurídico, como violação de direito, é necessário que a pessoa se disponha a interpor a ação. Os dados mostram que os indivíduos das classes mais baixas hesitam muito mais que os restantes em recorrer aos tribunais, mesmo quando reconhecem estar perante um problema jurídico.

Em terceiro lugar e último lugar, verifica-se que o reconhecimento do problema como fato jurídico e o desejo de recorrer aos tribunais para resolver, não são suficientes para que a iniciativa seja, de fato, tomada. Quanto mais baixo é o estrato sócio-econômico do cidadão, menos provável é que conheça um advogado ou que tenha amigos que conheçam advogados, menos provável que saiba onde, como e quando contactar o advogado, e maior é a distância geográfica entre o ligar onde vive ou trabalha e a zona da cidade onde se encontram os escritórios de advocacia e os tribunais.

O conjunto destes estudos revelou que a discriminação social no acesso à justiça é um fenômeno muito mais completo do que à primeira vista pode parecer, já que, para além das condicionantes econômicas, sempre mais óbvias, envolve condicionantes sociais e culturais resultantes de processos de socialização e de interiorização de valores dominantes muitos difíceis de transformar.

Percebemos, portanto, a partir das citações mencionadas, que o tema do acesso ao direito e à justiça não é simples. Sendo assim, para a sua melhor compreensão precisamos levar em conta uma série de elementos, dentre eles as condições socioeconômicas de um determinado agrupamento social.

4.2. Explosão de litigiosidade e acesso à justiça

Para Boaventura Santos, Marques e Pedroso (1996) a explosão de litigiosidade deu lugar a informalização da justiça; reaparelhamento dos tribunais em relação a recursos humanos e infraestruturas, incluindo a informatização e a automatização da justiça; criação de tribunais especiais para pequenos litígios de massas, tanto em matéria civil como criminal; proliferação de mecanismos alternativos de resolução de litígios (mediação, negociação, arbitragem) e reformas processuais várias (ações populares, tutela de interesses difusos etc.).

Mais adiante os autores continuam se referindo à *crise*:

> No momento em que a justiça social, sob a forma de direitos, se confrontou, no terreno judiciário, com a igualdade formal, a legitimação processual-formal em que os tribunais se tinham apoiado no primeiro período entrou em crise.
>
> (...)
>
> O dilema em que se colocaram os tribunais foi o seguinte. Se continuassem a aceitar a neutralização política vinda do período anterior, perseverando no mesmo padrão de desempenho clássico, reativo, de microlitigação, poderiam certamente continuar a ver reconhecida pacificamente pelos outros poderes do Estado a sua independência, mas fá-lo-iam, correndo o risco de se tornarem socialmente irrelevantes e de, com isso, poderem ser vistos pelos cidadãos como estando, de fato, na dependência do Poder Executivo e do Poder Legislativo. Pelo contrário, se aceitassem a sua cota-parte de responsabilidade política na atuação promocional do Estado – nomeadamente através de uma vinculação mais estreita do direito ordinário à Constituição, de modo a garantir uma tutela mais eficaz dos direitos de cidadania –, corriam o risco de entrar em competição com os outros poderes e de, como poder mais fraco, começar a sofrer as pressões do controle externo, quer por parte do Poder Executivo, quer por parte do Poder Legislativo, pressões tipicamente exercidas por uma das três vias: nomeação dos juízes para os tribunais superiores; controle dos órgãos do poder judicial; gestão orçamental.
>
> (...)
>
> Assumir a contradição entre igualdade formal e justiça social significou antes de mais que, em litígios interindividuais em que as partes têm condições sociais extremamente desiguais (patrões/operários; senhorios/inquilinos), a solução jurídico-formal do litígio deixasse de ser um fator de segurança jurídica, para passar a ser um fator de insegurança jurídica. Para obviar tal efeito foi necessário aprofundar o vínculo entre a Constituição e o direito ordinário por via do qual se legitimaram decisões *prater legem* ou mesmo *contra legem*, no lugar das decisões restritivas, típicas do período

anterior. O mesmo imperativo levou os tribunais a adotarem posições mais pró-ativas – em contraste com as posições reativas do período anterior – em matéria de acesso ao direito e no domínio da legitimidade processual, para solicitar a tutela de interesses coletivos e interesses difusos.

4.3. Quadro de acesso ao direito e à justiça

Acesso ao direito material	conquistas de direitos	
Acesso ao gozo do direito	efetividade do direito	
Acesso ao Poder Judiciário	quando é vantajoso gozar o direito de agir processualmente	
Acesso a meios extrajudiciais de solução de conflitos	evitam o gozo do direito de agir processualmente ou formalmente	Estatais e privados
Leis substantivas de proteção	evitam lides processuais	*proposta dos autores

4.3.1. Acesso ao direito material (conquista de direitos)

A forma mais tradicional de aquisição de direito material é por meio da lei. Esta, enquanto norma abstrata é dirigida "a todos". É certo que ao se adequar a lei no caso concreto abre-se um leque de interpretações, umas mais consensuais outras mais conflitantes entre os agentes diretamente interessados ou entre meros estudiosos. Nesse sentido, a argumentação, as técnicas de interpretação e as motivações políticas e sociais são elementos que complementam a aquisição do direito. No tópico em que tratamos dos juízes, esses aspectos interpretativos foram abordados. Todavia, a aquisição do direito é sempre um processo histórico que envolve não apenas os intérpretes. Em um plano mais geral, depende do processo político e histórico que espelha os conflitos de interesses mais gerais de grupos e classes. É nesse âmbito que a doutrina jurídica considera o direito de forma abstrata, principalmente por meio de suas normas legais. Em um plano mais específico, individual ou de coletividade com interesses bem definidos, encontramos o direito concreto.

Na acepção mais tradicional do direito, a lei deve ser sempre geral, para todos, e não para atender a uma determinada pessoa. O próprio Rousseau (1984, p. 55) admitia que a lei poderia estatuir privilégios, mas advertia que ela não deveria concedê-los nominalmente a ninguém: "...a lei poderá muito bem estatuir que haverá privilégios, mas ela não poderá concedê-los nominalmente a ninguém: a Lei pode estabelecer diversas classes de cidadãos, especificar até as qualidades que darão direito a essas classes, mas não poderá nomear este ou aquele para serem admitidos nelas...". Ou seja, mesmo se a lei tratasse de algum privilégio deveria ter sua conotação abstrata e não pessoal.

O acesso ao direito individual difere um pouco do acesso ao direito abstrato. Essa diferença fica mais clara quando falamos não da aquisição, mas sim da *perda* de direitos. É princípio constitucional de todos os países que não se deve ferir o direito já adquirido, pois uma lei não pode ter efeitos retroativos, muito embora esse princípio possa ser desrespeitado, seja em situação que atenda algum poderoso interesse pessoal ou em uma situação revolucionária. Em certos casos, quando falamos que os trabalhadores perderam direitos, com a redução do salário mínimo ou outras medidas de flexibilização, estamos nos referindo a um processo histórico e de normas mais abstratas. Essa perda não fere o direito já adquirido (antes da revogação ou alteração da lei que concedia o direito).

Num jargão popular é possível também falarmos em "quase direito", o que na acepção técnica corresponderia à expectativa de direitos, quando o pretendente preenche vários requisitos da lei, porém falta algum. Neste caso, é claro o inconformismo. Um exemplo que tem ocorrido refere-se aos que se encontram em véspera de aposentadoria e a lei é mudada, aumentando a exigência de idade ou de tempo de serviço.

Também no campo dos beneficiários há dificuldades de definições de direitos. Quando nos referimos ao acesso ao direito material essa distinção não é tão nítida, pois pode atingir uma soma de direitos individuais, ou a um direito difuso, onde não podemos exatamente denominar os seus beneficiários. A doutrina jurídica vem tentando distinguir esses grupos de beneficiários entre os determinados, indetermináveis e indeterminados, e o Código de Defesa do Consumidor (Lei nº 8.078, de 11.9.1990), em seu art. 81, parágrafo único, assim, divide a defesa coletiva em três níveis:

> I – Interesses ou direitos difusos, assim entendidos, para efeitos deste código, os transindividuais, de natureza indivisível, de que sejam titulares pessoas indeterminadas e ligadas por circunstâncias de fato;

II – Interesses ou direitos coletivos, assim entendidos, para efeitos deste código, os transindividuais, de natureza indivisível de que seja titular grupo, categoria ou classe de pessoas ligadas entre si ou com a parte contrária por uma relação jurídica base;

III – Interesses ou direitos individuais homogêneos, assim entendidos os decorrentes de origem comum.

O caso do acesso à justiça por meio do direito material é bem retratado por Noberto Bobbio, principalmente no livro *A Era dos Direitos*, que reúne vários ensaios. Destaco aqui o artigo escrito em 1988, que trata da multiplicação de direitos e da sua ampliação em decorrência do surgimento dos Estados sociais no século XX. Bobbio (1992, p. 68) afirma que a multiplicação dos direitos ocorreu de três modos:

a) Porque aumentou a quantidade de bens considerados merecedores de tutela;

b) Porque foi estendida a titularidade de alguns direitos típicos a sujeitos diversos do homem;

c) Porque o próprio homem não é mais considerado como ente genérico, ou homem em abstrato, mas é visto na especificidade, como criança, velho, doente etc.

Quando se trata de direitos não constitucionalizados, Bobbio (p. 79) preferia chamar de "exigências" em vez de "direitos", ou seja, meras aspirações. Ou então, "direito em sentido fraco" e "direito em sentido forte". O grande jurista afirmaria que não tinha nada contra chamar essas exigências de direitos, enquanto "direitos futuros", desde que se evitasse a confusão entre a exigência (mesmo que bem motivada) de proteção futura de um certo bem, com a proteção efetiva desse bem que pode ser obtida em uma corte de justiça, capaz de reparar o erro e, eventualmente, punir o culpado.

Neste último aspecto é que encontramos o primeiro sentido do "acesso à justiça", que é o do gozo do direito: a efetividade do direito se concentra nas alternativas que a sociedade oferece aos que possuem direitos (fracos ou fortes, como diria Bobbio). Espera-se que o gozo do direito ocorra de forma espontânea, porém, em virtude da resistência daqueles que perdem com o direito do outro são necessários mecanismos próprios de solução de conflitos. Essa efetivação é normalmente fornecida pelo Estado, por meio do Poder Judiciário, ou por outros meios extrajudiciais, públicos os privados. Aqui aparece o segundo aspecto do acesso à justiça.

4.3.2. Acesso ao gozo do direito (efetividade do direito) por meio do acesso ao Poder Judiciário (quando é vantajoso gozar o direito de agir processualmente)

A sociologia do direito faz um grande esforço para avaliar não só os aspectos técnicos e jurídicos do acesso à justiça, mas a própria população, especialmente o seu nível cultural de compreensão do direito (cultura jurídica). É nesse sentido que fatos como o tipo de regime político, o nível de educação da população, a formação dos profissionais como os juízes e advogados são extremamente importantes para a análise do acesso à justiça.

Vejamos duas análises de Santos, Marques e Pedroso (1996) onde uma trata da passividade do judiciário e a outra da passividade da população:

Judiciário passivo:
Os fatores dessa tibieza são muitos e variam de país para país. Entre eles podemos contar, sem qualquer ordem de precedência: o conservadorismo dos magistrados, incubado em faculdades de Direito intelectualmente dominadas por concepções retrógradas da relação entre direito e sociedade; o desempenho rotinizado assente na justiça retributiva, politicamente hostil à justiça distributiva e tecnicamente despreparado para ela; uma cultura jurídica "cínica" que não leva a sério a garantia dos direitos, caldeada em largos períodos de convivência ou cumplicidade com maciças violações dos direitos constitucionalmente consagrados, inclinada a ver neles simples declarações programáticas, mais ou menos utópicas; uma organização judiciária deficiente com carências enormes tanto em recursos humanos como em recursos técnicos e materiais; um Poder Judicial tutelado por um Poder Executivo, hostil à garantia dos direitos ou sem meios orçamentais para a levar a cabo; a ausência de opinião pública forte e de movimentos sociais organizados para a defesa dos direitos; um direito processual hostil e antiquado.

Nível de litigiosidade da sociedade:
Os litígios são construções sociais, na medida em que o mesmo padrão de comportamento pode ser considerado litigioso ou não litigioso

consoante a sociedade, o grupo social ou o contexto de interações em que ocorre. Como todas as demais construções sociais, os litígios são relações sociais que emergem e se transformam segundo dinâmicas sociologicamente identificáveis. A transformação delas em litígios judiciais é apenas uma alternativa entre outras e não é, de modo nenhum, a mais provável, ainda que essa possibilidade varie de país para país, segundo o grupo social e a área de interação. Aliás, o próprio processo de emergência do litígio é muito menos evidente do que à primeira vista se pode imaginar. O comportamento lesivo de uma norma não é suficiente para, só por si, desencadear o litígio. A grande maioria dos comportamentos desse tipo ocorre sem que os lesados se dêem conta do dano ou identifiquem o seu causador, sem que tenham consciência de que tal dano viola uma norma, ou ainda sem que pensem que é possível reagir contra o dano ou contra o seu causador. Diferentes grupos sociais têm percepções diferentes das situações de litígio e níveis de tolerância diferentes perante as injustiças em que elas se traduzem. Por essa razão, níveis baixos de litigiosidade não significam necessariamente baixa incidência de comportamentos injustamente lesivos (*idem*).

Os autores afirmam que:

> Muitos trabalhadores têm dificuldade em saber se estão doentes, se a causa da doença está relacionada com o trabalho, se o trabalho causador da doença viola alguma norma, se é possível alguma reação contra isso.

Lembremos o caso do *assédio moral*. Ele sempre existiu, entretanto, não ocorriam ações com pedido de indenizações por danos causados por ele. Ou seja, o direito não era bem definido sobre esse assunto. A população não sabia se podia agir processualmente com sua fundamentação. No caso, sequer houve alguma lei nova, pelo menos no âmbito privado, pois as poucas normas se referem a servidores públicos. As demandas surgiram a partir de estudos científicos que melhor demonstraram o que é o assédio moral,[24] e esse termo passou a ser um estandarte de consolidação de direitos, gerando novas demandas litigiosas. O Poder

---

24 Refiro-me aos dois livros de HIRIGOYEN, Marie-France. *Assédio moral, a violência perversa do cotidiano*. Rio de Janeiro: Bertrand Brasil, 2000 e *Mal-estar no Trabalho: redefinindo o assédio moral*. São Paulo: Bertrand Brasil, 2002.

Judiciário confirmou essa tese, passando a ser um direito conquistado por meio do acesso à justiça, ou seja, passou a ser vantajoso agir processualmente. Por outro lado, se esse fato pode ser entendido como positivo historicamente ("progressista"), ele também aumentou o número de ações judiciais e incertezas jurídicas. Trata-se, assim, de causa e efeito. Uma boa novidade também pode representar uma má novidade.

Os direitos possuem, portanto, representações de valores que se modificam com o tempo. Os grupos sociais são capazes de *construir* valores que não necessariamente são ditados pelo Estado-legislador, muito embora a sua interferência seja determinante na maioria da construção e efetivação dos direitos. As instituições judiciárias, portanto, refletem essas representações.[25]

Mas não basta essa *construção*, pois a busca pela efetivação do direito também é fruto de comunicação e até de campanhas promovidas por grupos sociais ou pelo próprio Estado. Este último, entretanto, está mais preocupado em manter níveis baixos de litigiosidade, muitas vezes demonstrando uma "falsa" intencionalidade de pacificação social. Incentivar grande parte da população a agir pode gerar o "medo" da máquina judiciária não ser suficiente para acolher tais demandas, o que poderia gerar novos conflitos, talvez mais radicais. Ou ainda, a presença do medo de desagradar setores privados ou públicos que supostamente "pagarão a conta". Por isso, sempre é mais fácil o incentivo ao acesso à justiça ser feito nos litígios ocorridos entre iguais, ou mesmo relacionados com causas de pequenos valores. Seria bem mais difícil, por exemplo, responder satisfatoriamente às demandas que prejudiquem forças poderosas da sociedade, como incentivar camponeses a buscar a efetivação da reforma agrária no poder judiciário, ou de incentivar os trabalhadores assalariados a exercerem o direito de reterem as máquinas e bens das empresas que não pagam os salários. Este último exemplo seria, inclusive, uma forma de mecanismo extrajudicial de solução de um litígio, sendo que, para o Estado, poderia causar um novo "litígio" bem mais grave. Sabemos que muitos direitos garantidos constitucionalmente são extremamente limitados quando o legislador infraconstitucional o regulamenta. Assim, algumas

---

25   Já nos referimos à chamada doutrina da jurisprudência sociológica, nascida sob a influência dos americanos (Holmes, Brandeis, Stone, Cardozo) na virada do século XIX para o século XX, que se propuseram ora a *interpretá-la*, ora a *construí-la*.

"exigências", como diria Bobbio, ou direitos constitucionais "programáticos", são desencentivados por diversos atores sociais, criando o clima do medo ou o de que lutar judicialmente por um direito não compensa. É algo semelhante com o conhecido dito de que "o crime não compensa", ou mesmo de que "economicamente não vale a pena ajuizar uma ação".

Santos (1986, p. 21) mostra que os indivíduos das classes baixas hesitam muito mais que os outros em recorrer aos tribunais. Primeiro, por falta de conhecimento do direito. Segundo, porque mesmo conhecendo seus direitos, ainda assim há desconfiança em agir, seja em função de experiências anteriores mal sucedidas – como as decorrentes de serviços advocatícios deficientes prestados às classes de menores recursos –, seja pelo temor de represálias por ter recorrido ao Poder Judiciário. Terceiro, porque há falta de contatos com advogados ou há distância física significativa.

4.3.2.1. A questão da morosidade

Um dos aspectos que também interferem na definição de um ajuizamento de ação ser ou não vantajoso é o fator *tempo*. Colocamos esse tópico em destaque porque ele é um dos problemas mais levantados nas discussões sobre o acesso à justiça.

A chamada *morosidade* da tramitação processual ocorre por diversas causas. Provavelmente a principal, mas não a única, é o aumento de demandas em relação à estrutura judiciária. As questões giram em torno de técnicas processuais, de administração da justiça, do desempenho do juiz e do corpo administrativo ligado mais diretamente a ele, da legislação processual e substantiva, de política, e outras.

A preocupação com a duração do tempo do processo é antiga. Ela começou com a adoção de técnicas processuais no início do século XX. Cappelletti & Garth (1988, p. 76) informam a importância das regras de "oralidade", a "livre apreciação da prova", a "concentração" dos atos e o contato "imediato" do juiz com as partes. Nesse campo foram importantes as contribuições dos autores italianos, como Chiovenda e Carnelluti.

A explosão de litigiosidade citada por nós, substancialmente a partir da década de 1960, retomou o combate à morosidade como uma questão de justiça e de melhor prestação de serviços do Estado. Foram apresentadas algumas propostas de vias alternativas, como mediação, conciliação e juízo arbitral – que ainda trataremos –, mas insuficientes para resolver o problema maior.

Também a transferência de demandas políticas para o campo judiciário é um fator de aumento de processos, além do aumento de complexidade. É o que veio a ser chamado como judicialização da política de que tratamos em tópico anterior.

A expressão "morosidade" normalmente é dirigida ao atraso na duração de um processo. Mas devemos, antes, considerar alguns aspectos preliminares sobre o assunto. A demora na duração do processo por vezes está relacionada com a própria forma como foi adquirido o direito, que não raramente não depende apenas do legislador, mas de um complemento dado pelo judiciário, podendo ser em função da consolidação dos direitos. Como relatamos em tópico anterior, a mera expectativa de direitos ou o direito fraco, como diria Bobbio, são fatores que tornam o processo moroso, já que os debates são mais calorosos e as jurisprudências conflitantes, acarretando mais recursos. O conflito de jurisprudência é, normalmente, um dos casos de aceitação de recurso (admissibilidades). Temos visto casos em que até as ações rescisórias são utilizadas quando um tribunal modifica seu entendimento sobre determinado tema. A criação de súmulas de tribunais que "esclareçem" temas polêmicos dão margem a novas ações. Ou seja, a "indecisão" do direito ajuda a indecisão do processo, como se a alma inquieta agitasse o corpo.

O aumento dos direitos, principalmente os conferidos às massas populares, sem garantias efetivas de seu gozo, como os direitos trabalhistas – que comentaremos mais adiante – causam desenfreada busca de respostas do Poder Judiciário. Entretanto, para além da "falta de garantia", há ainda a própria imprecisão da eficácia da lei. Alguns desses direitos são declarados sob a dúvida da necessidade ou não de uma regulamentação. O próprio judiciário por vezes tem que dizer que a norma é autoaplicável. Nesse ponto, podemos ressaltar que a morosidade não é só do processo judicial, mas do próprio direito substantivo. Se este não é bem definido no âmbito normativo, as suas deficiências são arrastadas paro o âmbito judicial.

Para Bobbio (p. 77-88) os direitos sociais na Constituição italiana foram chamados pudicamente de "programáticas". E comenta:

Um direito cujo reconhecimento e cuja efetiva proteção são adiados *sine die*, além de confinados à vontade de sujeitos cuja obrigação de executar o "programa" é apenas uma obrigação moral ou, no máximo, política, pode ainda ser chamado corretamente de direito?

Outro aspecto que gostaríamos de levantar é o de que o tempo de duração do processo, embora tenha sido apresentado inicialmente como uma questão de técnica processual e hoje como uma questão de gestão de administração, não está desligada de interesses de grupos. Há dois tipos de ações. Uma em que qualquer pessoa pode ser o réu ou autor, como ocorre com a ação de pedido de indenização, de divórcio, de declaração etc. Esses tipos de ações possuem, com mais facilidade, uma igualdade de tratamento dados às partes. Uma lei que venha a causar uma demora ou celeridade na duração do processo não sofre resistência coletiva. Outras ações são caracterizadamente polarizadas, onde um grupo social figura no pólo ativo e outro grupo figura no pólo passivo. É o caso, por exemplo, das ações trabalhistas em que, invariavelmente, os reclamantes são os trabalhadores e os réus os empregadores. Nestes casos, há interesse de grupos ou até de classes na demora do processo, por isso a celeridade é quase sempre executada por meio de acordos o que, de certa forma, compensa ao empregador quando paga menos que o devido. Cappelletti & Garth (1988, p. 20) já afirmavam que a demora do processo tinha como uma das causas a pressão sobre o economicamente mais fraco a abandonar suas causas ou a aceitar acordos por valores muito inferiores àqueles que teriam direito.

A Reforma da Justiça da EC nº 45, de 2004, estabeleceu a celeridade processual como um direito individual do cidadão, conforme nova redação do inciso LXXVIII do art. 5º da Constituição Federal:

> A todos, no âmbito judicial e administrativo, são assegurados a razoável duração do processo e os meios que garantam a celeridade de sua tramitação.

O Código de Ética do Magistrado, criado pelo CNJ em 2008, estabelece:

> Art. 20. Cumpre ao magistrado velar para que os atos processuais se celebrem com a máxima pontualidade e para que os processos a seu cargo

sejam solucionados em um prazo razoável, reprimindo toda e qualquer iniciativa dilatória ou atentatória à boa-fé processual.

A celeridade processual é um tema fundamental do acesso à justiça e faz parte da preocupação de diversos países. O Conselho da Europa em sua *Convenção para a Proteção dos Direitos do Homem e das Liberdades Fundamentais* de 1950 estabelece:

> Artigo 6.º
> (Direito a um processo equitativo)
> 1. Qualquer pessoa tem direito a que a sua causa seja examinada, equitativa e publicamente, num prazo razoável por um tribunal independente e imparcial, estabelecido pela lei, o qual decidirá, quer sobre a determinação dos seus direitos e obrigações de caráter civil, quer sobre o fundamento de qualquer acusação em matéria penal dirigida contra ela. O julgamento deve ser público, mas o acesso à sala de audiências pode ser proibido à imprensa ou ao público durante a totalidade ou parte do processo, quando a bem da moralidade, da ordem pública ou da segurança nacional numa sociedade democrática, quando os interesses de menores ou a proteção da vida privada das partes no processo o exigirem, ou, na medida julgada estritamente necessária pelo tribunal, quando, em circunstâncias especiais, a publicidade pudesse ser prejudicial para os interesses da justiça.
> 2. Qualquer pessoa acusada de uma infração presume-se inocente enquanto a sua culpabilidade não tiver sido legalmente provada.
> 3. O acusado tem, como mínimo, os seguintes direitos:
> a) Ser informado no mais curto prazo, em língua que entenda e de forma minuciosa, da natureza e da causa da acusação contra ele formulada;
> b) Dispor do tempo e dos meios necessários para a preparação da sua defesa;
> c) Defender-se a si próprio ou ter a assistência de um defensor da sua escolha e, se não tiver meios para remunerar um defensor, poder ser assistido gratuitamente por um defensor oficioso, quando os interesses da justiça o exigirem;
> d) Interrogar ou fazer interrogar as testemunhas de acusação e obter a convocação e o interrogatório das testemunhas de defesa nas mesmas condições que as testemunhas de acusação;
> e) Fazer-se assistir gratuitamente por intérprete, se não compreender ou não falar a língua usada no processo.

4.3.3. Acesso a meios extrajudiciais de solução de conflitos (que evitam o gozo do direito de agir processualmente ou formalmente)

A proposta de realizar meios de soluções extrajudicias de conflitos tem por objetivo evitar o acesso à justiça-instituição. Não deixa de ser um paradoxo do movimento de acesso à justiça: ao mesmo tempo em que se propõe o acesso à instituição judiciária se evita, também, a mesma proposição. Espera-se com isso a celeridade, a informalidade e a economia de gastos públicos. Elas podem ser dirigidas para foros privados ou públicos. Normalmente são classificadas em conciliação, mediação e juízo arbitral. No primeiro caso é apresentado às partes litigantes uma proposta de acordo; no segundo caso também se tem por objetivo o acordo, mas não é feita a proposta, apenas há o incentivo; por fim o juízo arbitral decide. No Brasil esse caso é normalmente realizado por setores privados, mas há exceções: o Ministério do Trabalho faz mediação com as chamadas *mesas redondas* e o Ministério Público do Trabalho pode atuar como juízo arbitral.

O Brasil desde cedo procurou criar "conselhos permanentes de conciliação e arbitragem" no âmbito trabalhista, conforme o Decreto nº 1.637, de 5.1.1907.[26] A experiência liberal não teve muito sucesso com a criação de meios extrajudiciais de solução de conflitos, muito embora também tenha criado o rito sumário, o que demonstra precoce preocupação com a celeridade. Isso é comprovado com o Decreto nº 1.150, de 5.1.1904, criando a caderneta agrícola, que servia como um documento de crédito do trabalhador suscetível à cobrança por meio de ação sumária.

Com a revolução de 1930, os litígios trabalhistas foram afastados do próprio Poder Judiciário, porém levando-os para o Poder Executivo. As Juntas de Conciliação e Julgamento (Decreto nº 22.132, de 1932) subordinadas ao recém-criado Ministério do Trabalho foram uma opção barata, rápida, e sob forte pressão conciliatória. Pode-se dizer que essa iniciativa evitou o entupimento processual na Justiça Civil que trata-

---

26 Art. 8º do Decreto de 1907: "Os syndicatos que se constituirem com o espirito de harmonia entre patrões e operarios, como sejam os ligados por conselhos permanentes de conciliação e arbitragem, destinados a dirimir as divergencias e contestações entre o capital e o trabalho, serão considerado como representantes legaes da classe integral dos homens do trabalho e, como taes, poderão ser consultados em todos os assumptos da profissão".

va das ações das classes mais aquinhoadas. A Justiça do Trabalho tornou-se um órgão do judiciário autônomo somente com o Decreto-Lei nº 1.237, de 1939, que entrou em vigor em maio de 1941. Ela foi elevada a órgão do Poder Judiciário na Constituição de 1946.

Na década de 1970, a preocupação com a celeridade foi retomada fortemente com o movimento de acesso à justiça. Agora, não mais da explosão de litigiosidade oriunda das relações trabalhistas, mas decorrentes do aumento de direitos de movimentos afirmativos, que envolvem as chamadas minorias.

Cappelletti & Garth (p. 81-90) propunham métodos alternativos, utilizando procedimentos mais simples ou julgadores mais informais, como os juízes arbitrais, as conciliações e os incentivos econômicos para a solução dos litígios fora dos tribunais. Boaventura Santos (1986, p. 27) afirmaria que o estado contemporâneo não tem o monopólio da produção e distribuição do direito. "Sendo embora o direito estatal o modo de juridicidade dominante, ele coexiste na sociedade com outros modos de juridicidade". Joaquim Falcão, no Brasil, que veio a fazer parte das duas primeiras gestões do CNJ, ainda na década de 1980, já defendia o aceso à justiça, considerando que a maioria da população brasileira não tinha acesso à ela, como não tinha acesso a outros bens materiais de consumo (p. 103). O autor questionava o formalismo dogmático onde todo conflito social tinha implicações jurídico-formais, e que era resolvido no Judiciário, aplicando a lei. Preocupado com o futuro, já defendia uma reforma democrática no judiciário. Para ele, a imensa maioria dos conflitos não era resolvida no Judiciário, nem aplicando a lei.

> O Judiciário, por razões diversas, fecha-se à maior dos conflitos em que envolvem nossos cidadãos. Nesses últimos anos aumentaram o desprestigio político e ineficácia administrativa do Judiciário. (…) O fato porém do conflito não ir para o Judiciário não implica que deixou de existir. Ao contrário. Implica apenas que é resolvido fora do Judiciário. (…)

O autor defendia a força executória do laudo arbitral (p. 105), o que só veio a ocorrer com a lei de 1996. De certa forma, Falcão chegou a defender uma desjudicialização do judiciário, embora naquele tempo essa expressão ainda não fosse usada. Na época, o autor defendia a via extrajudicial como alternativa ao Poder Judiciário.

No Brasil, após a Lei nº 9.307, de 23.09.1996, foram criadas voluntariamente centenas de "tribunais" como uma onda que logo refluiu. Aqui não há tradição de arbitragem, pois elas são voluntárias. Não há também a arbitragem obrigatória, como ocorre em outros países. Foi muito pequena a experiência da arbitragem obrigatória no Brasil, e mesmo assim limitada às causas trabalhistas.[27] É mais fácil para as partes realizarem logo um acordo do que elegerem um juízo arbitral que exige um acordo prévio. A Justiça do Trabalho tem uma longa história de conciliações individuais e coletivas, sendo os juízes obrigados a proporem acordos no início e no fim de todos os processos da fase de conhecimento. Tais conciliações são importantes, porém possuem limites, ou seja, não é uma alternativa geral para o problema do volume de demandas e de celeridade (ver ALEMÃO, 1997).

Outra iniciativa foi o surgimento, no ano de 2000, das comissões de conciliação prévia feitas por sindicatos, limitadas às relações de trabalho – tema de grande polêmica (ver ALEMÃO, 1995, 2000). Com isso surgiu a prática de se fazer acordo em vez de o empregador pagar o todo devido na hora que dispensa o empregado.

O CNJ vem desenvolvendo campanhas de conciliação. Em meados de 2006 o Conselho Nacional de Justiça (CNJ) começou o que se denominou "Movimento pela Conciliação" e a mobilização que teve início ali resultou no "Dia Nacional pela Conciliação", ocorrido em 8 de dezembro do mesmo ano. Após um ano foi realizada a primeira "Semana Nacional pela Conciliação" (de 3 a 8 de dezembro de 2007), com o apoio de todos os tribunais de justiça do país, coordenados pelo CNJ. O evento não apenas foi realizado novamente em 2008 como ensejou, em diversos estados, um "Dia Estadual da Conciliação".

Segundo a ministra do STF e presidente do CNJ, Ellen Gracie (2007), ao implantar o Movimento pela Conciliação em agosto de

---

27 No Brasil, na época das Comissões Mistas de Conciliação (1932-39) que cuidavam de lides coletivas, se estas não fossem resolvidas por conciliação, o ministro do trabalho podia nomear uma comissão para elaborar um laudo. Mas a Comissões Mistas de Conciliação, por si só, só mediavam. Não conciliando, elas propunham às partes elegerem um juízo arbitral. Se esta proposta não fosse acatada, o ministro podia nomear uma comissão para elaborar um laudo (ver ats. 14 e 15 do Decreto nº 21.396 de 12/5/1932). Dessa forma, as Comissões Mistas de Conciliação não atingiam grandes resultados. (Ver ALEMÃO, 2009).

2006, "teve por objetivo alterar a cultura da litigiosidade e promover a busca de soluções para os conflitos mediante construção de acordos". O conselheiro Joaquim Falcão (2006) afirma que a fase de conciliação em geral "não é suficientemente enfatizada pelos juízes, comprometidos com a cultura jurídica atual de justiça imposta e não produzida pelas partes". Superar esse traço cultural, de acordo com a propaganda do movimento, é parte fundamental de uma estratégia para desafogar o Judiciário e dar-lhe mais celeridade, bem como tornar a sociedade mais "pacífica". A cartilha produzida pelo CNJ (2008), aliás, resume a "pacificação social" como seu principal objetivo. Tais campanhas deixaram dúvidas se aumentou a quantidade de acordos, ou apenas antecipou-se os que ocorreriam no decorrer do ano. Um outro ponto crítico é a falta de perspectiva de conteúdo dos acordos perseguidos já que, conforme a campanha, qualquer conciliação por si só era "legal".[28]

As chamadas vias alternativas têm suas vantagens e desvantagens. A vantagem mais sensível é a informalidade. Também é bem possível se conseguir com elas a celeridade e a redução de custos da demanda, embora essa não seja uma premissa infalível.[29] Um órgão conciliador pode estar assoberbado de audiências e, ainda, cobrar pelos seus serviços. Acordos em processos judiciais podem ser igualmente rápidos.

Sobre os custos, há casos, como o dos juízos arbitrais, que podem ser cobrados. A possibilidade de dispensa de advogado é sempre um tema polêmico e complexo: custa menos mas a parte não é assistida juridicamente. Talvez a principal vantagem da via extrajudicial é mesmo a informalidade. Os ritos judiciais, mesmo os sumários, não se afastam de formalidades no tratamento diferenciado entre juiz e partes

---

28 Ver Alemão e Soares (2009).
29 Os juízos arbitrais e as comissões de conciliação prévia cobram por seus serviços. Neste último caso, embora a CLT seja omissa, o Ministério do Trabalho e Emprego ao regulamentá-las permitiu a cobrança com limites. Uma primeira Portaria de nº 264 de 5/6/2002 (art. 5º), inicialmente mandava apenas os fiscais informarem ao MTE de cobrança indevida, o que levava a crer que este se posicionava contra qualquer cobrança. Mas a segunda portaria, de nº 329 de 14/8/2002 (republicada no DOU de 20/8/2002 para correção), aceitou abertamente a cobrança, admitindo, inclusive, que as comissões de conciliação tenham fonte de receita, mas distinta da dos sindicatos. O § 1º do art. 10 desta portaria determina que a comissão não pode constituir fonte de renda para as entidades. A Portaria nº 329 proíbe cobrança de taxas sobre o empregado (inciso I do § 2º do art. 10).

e locais de assento. Algumas experiências mais recentes dos juizados especiais é que têm atenuado esse formalismo, com a utilização de conciliadores que não são juízes.

A desvantagem da via extrajudicial, se é que se pode dizer que ela existe, é o limite da própria alternativa. Primeiro, não é garantida uma solução do conflito quando se segue um rito desse tipo. É possível que as partes não se conciliem, nem mesmo para eleger um árbitro. Depois, mesmo que "solucionado" por meio de um acordo ou laudo arbitral, não há meios alternativos de execução. Como já tivemos oportunidade de ressaltar (tópico sobre sanções), tais fóruns extrajudiciais não possuem poder de agir coercitivamente sobre o inadimplente. Em tais situações, o interessado deve agir processualmente, ou seja, a via alternativa só substitui o ato de julgar do juiz mas não outros atos jurisdicionais por vezes tão necessários quanto.

4.3.4. Leis substantivas de proteção (que evitam lides processuais) – proposta dos autores

Esse tópico derradeiro é uma proposição de exclusiva responsabilidade dos autores. Entendemos que o direito material pode não só conceder um direito mas também procurar garanti-lo, ou pelo menos evitar demandas judiciais. A lei meramente declaratória sem uma sanção imediata para o caso de seu descumprimento é um convite ao surgimento de uma lide. As estatísticas apontam quantas ações foram ajuizadas, mas deixam de indicar quantas não chegaram a ser postuladas.

As normas substantivas da sociedade não estão tão distantes das adjetivas, assim como o direito material não está tão distante do direito processual. A autonomia entre o direito material e o direito processual trouxe muitos frutos didáticos e ajudou a evoluir as técnicas processuais, como aperfeiçoar a prestação do serviço público, porém elas não devem ficar tão distantes. Deve-se buscar um novo ponto de equilíbrio. É possível reduzir os conflitos por meio da própria qualidade das leis. Não esperamos acabar com os conflitos, que fazem parte das relações sociais e do processo dialético. Porém, é possível reduzir a busca incessante por terceiros (o Estado, o juiz, conciliador, o árbitro). O acesso à justiça não se limita ao acesso a estes, mas sim ao efetivo gozo do direito. Isso é possível de ser atingido se as leis forem mais precisas não só quanto ao seu cumprimento, mas ao seu descumprimento. Nossa proposta parece complicada, mas é bem simples. A lei deve estabelecer de forma precisa as consequências de seu descumprimento.

O aperfeiçoamento do direito positivo ainda é um instrumento que não pode ser deixado de lado. É bem verdade que não podemos encarar esse aperfeiçoamento de forma ingênua ou tecnicista, pois os "defeitos" da lei podem significar enriquecimento e proteção de certos grupos na sociedade. Explicaremos melhor.

Muitos direitos não são gozados por falta de uma proteção legal, mas pela falta efetiva de seu gozo. É o caso, por exemplo, dos créditos das partes fracas em alguns contratos. O caso do direito do trabalho é significativo nesse sentido. Vivemos sob uma Constituição Federal que defende o pleno emprego, mas que não possui sequer uma multa para o inadimplemento do salário. Este, assim como outros créditos trabalhistas, são devidos sem qualquer multa ou outra garantia, o que incentiva o empregador, em caso de necessidade, a pagar outras eventuais dívidas com previsões claras de sanções (multas, penhores, fiador, títulos que são executados de imediato etc.)[30]. Se o trabalhador não recebe seu direito líquido e certo, lhe resta muito pouca alternativa a não ser ajuizar uma ação trabalhista. Essa ação buscará uma sentença de mérito, ainda na fase cognitiva do processo, muito embora possa não existir controvérsia sobre o crédito, para depois dar início a uma execução. A lei substantiva poderia evitar esse longo ritual, dando maior garantia ao crédito. Essa deficiência da lei trabalhista faz com que o empregado normalmente seja o vencedor na Justiça do Trabalho, muito embora ele desde logo seja um "derrotado" por ter que se valer dos serviços judiciais, em grau bem menor que outros credores sociais.

Se nas relações de trabalho essa defasagem entre o direito e o seu gozo é tão visível, em parte por refletir uma relação de força desfavorável ao trabalho em face do capital, ela também existe em outras relações sociais. Os infindáveis contratos de adesão, ora prestados por empresas estatais, ora por empresas privadas, mas sempre sob mercados bem controlados quando não monopolizados, demonstram os abusos e ilicitudes que são praticadas por falta de uma consequência bem definida. A falta de luz, por exemplo, não gera uma compensação imediata nas contas pagas pelo consumidor. Quantas vezes o prejudicado deixa de ter seu dano reparado porque entre os "custos e benefícios" se chega

---

30 Ver Alemão (1997, 2010).

à conclusão de que "não vale a pena" se estressar com advogados e juízes, ou mesmo reclamar em órgãos burocráticos e para operadoras de *telemarkting* que de informais têm muito pouco. Poucos ganham com esses pequenos direitos sucumbidos de muitos.

Com isso queremos dizer que as soluções dos conflitos devem conjugar as leis materiais com as adjetivas. Não basta uma reforma judiciária sem o acompanhamento da evolução do direito material. Esse tem sido um problema de algumas reformas judiciárias que buscam purificação de seus mecanismos administrativos e processuais, enquanto a sociedade se encontra sob forte desequilíbrio de direitos. Em tese, podemos argumentar que em países que possuem uma grande quantidade de soluções de demandas não necessariamente significa dizer que nele há pacificação e equilíbrio social. Pois o grau de injustiças e de falta de direitos garantidos ou consolidados pode ser bem superior à média dos demais.

Também um alto índice de soluções de conflitos onde há poucos conflitos não significa necessariamente pacificação social, pois as decisões podem refletir injustiças, ou mesmo serem meramente burocráticas, como as decisões sem julgamento do mérito. Cito como exemplo a prática de excessiva formalidade,[31] ou mecanismos preparatórios extrajudiciais obrigatórios.[32]

Se a partir da década de 1970 procuramos aperfeiçoar o Poder Judiciário e cobrar dos juízes uma melhor qualidade, devemos agora começar a aperfeiçoar o Poder Legislativo para que assuma maior responsabilidade com a justiça.

---

31 Essa tendência ocorreu na Justiça do Trabalho por meio de várias iniciativas jurisprudenciais. Ver Alemão (2003).

32 A obrigatoriedade de o trabalhador ter que negociar extrajudicialmente antes de ajuizar uma ação trabalhista, quando sua empresa ou categoria possuía uma comissão de conciliação prévia, era motivo de extinção sem julgamento do mérito. A regra foi implantada pela Lei nº 9.958 de 12.1.2000, que criou o 625-D da CLT. Quase dez anos depois de vigência da lei, em 13.5.2009, o STF (ADIs 2139 e 2160), por maioria, declarou inconstitucional o referido artigo da CLT por ferir o direito universal do cidadão de acesso direto à justiça.

REFERÊNCIAS

ALEMÃO, Ivan. *O jurídico na relação de trabalho* in O Trabalho em Revista – ano 29, fevereiro de 2010, nº 331, encarte, p. 5445-5452, 2010.

_____. *OAB e sindicatos: importância da filiação corporativa no mercado.* São Paulo: LTr, 2009.

_____. *Reforma da execução em Portugal: desjudicialização ou privatização?* Revista LTr junho 2007, 71-06/705, 2007; Revista Trabalhista – ANAMATRA – Ed. Forense, vol.22, 2007, 2º trimestre; Revista Nacional de Direito – vol. 114, ano 10, outubro de 2007 (ISSN 1415-5192), p. 11-19. Disponível em: <http://jus2.uol.com.br/doutrina/texto.asp?id=10000>.

_____. *Por que se cumpre a lei?*, Revista EMATRA TRT/RJ, ano 5, nº 6, dez. 2004.

_____. *Justiça sem mérito? Judicialização e desjudicialização da justiça do trabalho.* Revista Justiça do Trabalho HS Editora, ano 20, nº 239, nov. 2003, p. 30; Revista Justiça do Trabalho nº 254, ano 22, fev. 2005; Revista Nacional de Direito do Trabalho. vol. 88, ano 8, ago. 2005 p. 11-14 e Decisório Trabalhista, ano 12, nº 129, Curitiba, p. 23-30, 2006.

_____. *Comissões de conciliação prévia.* Revista Nacional de Direito – vol. 29, set. 2000, Jornal da AMATRA 1 – "NO MÉRITO" ano IV, nº 22, nov. 2000.

_____. *A recente lei sobre árbitros.* Boletim Legislativo ADCOAS nº 6, 28.02.97, Revista ANAMATRA nº 30, fev. de 1997a.

_____. *Garantia do crédito salarial.* São Paulo: LTr, 1997b.

_____. *Conciliação extrajudicial: uma via para a flexibilização.* ADCOAS nº 27 em 30.09.95. Ver também em Revista Gênesis nº 37, janeiro de 1996, Revista da ANAMATRA – ano 8, nº 25, janeiro de 1996.

ALEMÃO, Ivan e SOARES, José Luis. *Conciliar é legal? Uma análise crítica da aplicação da conciliação na justiça do trabalho*. Revista Justiça do Trabalho, junho, ano 26, nº 306, 2009. Tese apresentada em 2009 na ANPOCS e ABET.

ARIDA, Pérsio; BACHA, Edmar e RESENDE, André Lara. *Credit, interest, and jurisdictional uncertainty: conjectures on the case of Brazil*, RJ, IEPE/CdG, Texto para Discussão nº 2, 2003. Publicado em GIAVAZZI. F.; GOLDFAJN, I; HERRERA, S. (orgs.); *Inflation targeting, debt, and the Brazilian experience*, 1999 to 2003. Cambridge, MA: MIT Press, may 2005.

BARBOSA, Amanda. *Sociologia do direito e psicologia judiciária*, in Magistratura do Trabalho – Formação Humanística e Temas Fundamentais do Direito, São Paulo: LTr, 2010.

BARROSO, Luis Roberto. *Judicialização, ativismo e legitimidade democrática*. Revista Consultor Jurídico, 22 de dez. 2008. Disponível em: <http://www.conjur.com.br/static/text/72894,1>.

BOBBIO, Norberto. *O positivismo jurídico: lições de filosofia do direito*. São Paulo: Editora Ícone, 1999.

_____. *A Era dos Direitos*. 8ª ed. Rio de Janeiro: Editora Campus, 1992.

BOURDIEU, Pierre. *O poder simbólico*. Rio de Janeiro: Bertrand Brasil, 2009.

_____. *A opinião pública não existe* in THIOLLENT, Michel (org.). *Crítica metodológica, pesquisa social e enquete operária*. 2ª ed. São Paulo: Pólis, 1981.

CAPPELLETTI, Mauro; BRYANT, Garth. *Acesso à justiça*. Porto Alegre: Sergio Antonio Fabris Editor, 1988.

CAPPELLETTI, Mauro. *Juízes legisladores?* Porto Alegre: Sergio Antonio Fabris Editor, 1993.

CAVALIERI FILHO, Sergio. *Programa de sociologia jurídica*. Rio de Janeiro: Forense, 2002.

CÁRCOVA, Carlos Maria. *Direito, política e magistratura*. São Paulo: LTr, 1996.

CASTEL, Robert. *As metamorfoses da questão social: uma crônica do salário*. Petrópolis: Ed.Vozes, 1998.

CHAMPAGNE, Patrick. *Formar a opinião*. Petrópolis: Ed. Vozes, 1998.

CERVELLINI, Silvia; FIGUEIREDO, Rubens. *O que é opinião pública*. São Paulo: Brasiliense, 1996.

CHAVES, Luciano Athayde. *Gestão, planejamento estratégico e efetividade no poder judiciário*. Publicação da ANAMATRA, 2010.

CHIOVENDA, Giuseppe. *Instituições de direito processual civil*, São Paulo: Saraiva, 1942.

CONSELHO NACIONAL DE JUSITÇA. *Conciliar é querer bem a você* – 3ª Semana Nacional pela Conciliação – De 1º a 5 de dezembro de 2008. Cartilha. Disponível em: <http://www.conciliar.cnj.gov.br/cms/verTexto.asp?pagina=campanha>. Acesso em: 05 de jan. 2009.

CUSSON, Maurice. *Desvio* in BOUDON, Raymond (Org). *Tratado de sociologia*. Rio de Janeiro: Jorge Zahar Editor, 1995.

DALLARI, Dalmo de Abreu. *O poder dos juízes*. São Paulo: Saraiva, 1996.

DURKHEIM, Émile. *Da divisão do trabalho social* in Os pensadores. São Paulo: Abril Cultural, 1983.

DWORKIN, Ronald. *O império do direito*. São Paulo: Martins Fontes, 1999.

EHRLICH, Eugen. *Fundamentos da sociologia do Direito*. Brasília: Editora UNB, 1986.

FALCÃO, Joaquim. *Os advogados: ensino jurídico e mercado de trabalho*. Recife: MEC/ Fundação Joaquim Nabuco, 1984.

_____. *Movimento pela conciliação*. Artigo publicado no site do Conselho Nacional de Justiça. Disponível em: <http://www.stf.jus.br/arquivo/cms/conciliarConteudoTextual/anexo/artigo_02.pd>. Acesso em: 05 de jan. 2009.

FERRÃO, Brisa Lopez de Mello; RIBEIRO, Ivan César Ribeiro (2006). *Os juízes brasileiros favorecem a parte mais fraca?* Disponível em: <http://academico.direitorio.fgv.br/ccmw/images/e/e3/Os_ju%C3%ADzes_brasileiros_favorecem_a_parte_mais_fraca.pdf>.

FRAGA, Ricardo; VARGAS, Luiz. *Radicalidade democrática, estado e poder judiciário: caminhos para a participação popular* in Democracia e Direito do Trabalho (Org. Fraga & Vargas). São Paulo: LTr, 1995.

FRAGALE FILHO, Roberto. *Aprendendo a ser juiz*. Rio de Janeiro: Editora Univercidade & Topbooks, 2008.

FREITAS, José Lebre de. *Os paradigmas da ação executiva*. Revista da Ordem dos Advogados, II, 2001.

GARAPON, Antoine. *O juiz e a democracia: o guardião de promessas*. Rio de Janeiro: Editora Revan, 1996.

GOMES, Orlando. *A crise do direito*. São Paulo: Max Limonad, 1995.

GRACIE, Ellen. *Conversar faz a diferença*. Correio Braziliense – Brasília / DF, Brasília, 03 de dezembro de 2007. Opinião. Disponível em: <http://www.cnj.jus.br/index.php?option=com_content&view=article&catid=74%3Aartigos&id=3509%3Aconversar-faz-diferen&Itemid=676>. Acesso em: 05 de jan. 2009.

GUIMARÃES, Deocleciano Torrieri Guimarães. *Dicionário técnico jurídico*. São Paulo: Rideel, 2007.

GUSMÃO, Paulo Dourado de. *Introdução ao estudo do direito*. Rio de Janeiro: Forense, 1996

HALIS, Denis de Castro. *Por que conhecer o judiciário e os perfis dos juízes: o pragmatismo de Oliver Holmes e a formação das decisões judiciais*. Curitiba: Juruá Editora, 2010.

HIRIGOYEN, Marie-France. *Assédio moral: a violência perversa do cotidiano*. Rio de Janeiro: Bertrand Brasil, 2000.

_____. *Mal-estar no trabalho: redefinindo o assédio moral*. São Paulo: Bertrand Brasil, 2002.

IHERING, Rudolf von. *É o direito uma ciência?* São Paulo: Editora Rideel, 2005.

JOHNSON, Allan G. *Dicionário de sociologia*. Rio de Janeiro: Jorge Zahar Editor, 1995.

JUNQUEIRA, Eliane Botelho. *A sociologia do direito no Brasil: introdução ao debate atual*. Rio de Janeiro: Lumen Juris, 1993.

KELSEN, Hans. *Teoria pura do direito*. São Paulo: Martins Fontes, 1999.

LAKATOS, Eva Maria. *Sociologia geral*. São Paulo: Atlas, 1982.

LEAL, Victor Nunes. *Coronelismo, enxada e voto*. São Paulo: Alfa-Omega, 1975.

LUHMANN, Niklas. *Sociologia do direito II*. Rio de Janeiro: Edições Tempo Brasileiro, 1985.

MERÍSIO, Patrick Maia. *Noções gerais de direito e formação humanística*. Rio de Janeiro: Ed. Campus Elsevier, 2010.

MORAES FILHO, Evaristo de. *O problema de uma sociologia do direito*. Rio de Janeiro: Freitas Bastos, 1950.

MARSHALL, T. H. *Cidadania, classe social e status*. Rio de Janeiro: Zahar Editores, 1967.

NALINI, José Renato. *O juiz e a acesso à justiça*. 2ª ed. São Paulo: Revista dos Tribunais, 1992.

_____. *Ética geral e profissional*. 7ª ed. São Paulo: Revista dos Tribunais, 2009.

OST, François. *Juiz pacificador, juiz árbitro e juiz instrutor*. Bruxelas: Faculdades Universitárias Saint-Louis, 1983.

_____. *Júpiter, Hércules e Hermes: três modelos de juiz*. Doxa, 14, Alicante. Disponível em: <http://www.cervantesvirtual.com/servlet/SirveObras/01360629872570728587891/cuaderno14/doxa14_11.pdf>.

PEDROSO, João; CRUZ, Cristina. *A ação executiva: caracterização, bloqueios e propostas de reforma*. Disponível em: <www.opj.ces.uc.pt>.

PINHEIRO, Armando Castelar. *Judiciário, reforma e economia: uma visão dos magistrados*. Disponível em: <http://www.febrabanºorg.br/Arquivo/Destaques/Armando_Castelar_Pinheiro2.pd>.

ROSA, F. A. de Miranda. *Sociologia do direito*. Rio de Janeiro: Zahar Editores, 1981.

ROSANVALLON, Pierre. *A crise do estado-providência*. Brasília: UnB, 1997.

_____. *A nova questão social: repensando o Estado providência*. Brasília: Instituto Teotônio Vilela, 1998.

ROUSSEAU, J. *Do contrato social*. São Paulo: Abril, 1984.

SABADELL, Ana Lúcia. *Manual de sociologia jurídica*. São Paulo: Editora Revista dos Tribunais, 2003.

SANTOS, Boaventura Sousa. *Os tribunais e as novas tecnologias de comunicação e de informação.* Sociologias, nº 13, ano 6, jan/jun, p. 82-108, 2005a.

_____. *A justiça em Portugal: diagnósticos e terapêuticas* in Manifesto, nº 7, p. 76-87, 2005b. Disponível em: <http://www.boaventuradesousasantos.pt/media/pdfs/Justica_em_Portugal_Manifesto_2005.pdf>.

_____. *Que formação para os magistrados nos dias de hoje?* Revista do Ministério Público, nº 82, p. 7-26, 2000.

_____. *Introdução à sociologia da administração da justiça.* Revista Crítica de Ciências Sociais, nº 21, 1986.

SANTOS, Boaventura Sousa (Director Científico); GOMES, Conceição (coord). *Administração e gestão da justiça: análise comparada das tendências de reforma.* Disponível em: <http://opj.ces.uc.pt/pdf/5.pdf>.

_____. *Como gerir os tribunais? Análise comparada de modelos de organização e gestão da justiça.* Disponível em: <http://opj.ces.uc.pt/pdf/Como_gerir_os_tribunais.pdf>.

_____. *Para um novo judiciário: qualidade e eficiência na gestão dos processos cíveis.* Disponível em: <http://opj.ces.uc.pt/pdf/para_um_novo_judiciario.pdf>.

SANTOS, B. de S.; MARQUES, M. M. L.; PEDROSO, J. *Os tribunais nas sociedades contemporâneas.* Revista Brasileira de Ciências Sociais, 1996.

SANTOS, Boaventura S.; PEDROSO, TRINCÃO & DIAS. *O acesso ao direito e à justiça: um direito fundamental em questão.* Disponível em: <http://www.dhnet.org.br/dados/lex/a_pdf/01_boaventura_acesso_jud_pt.pdf>.

SCURO NETO, Pedro. *Manual de sociologia geral e jurídica.* São Paulo: Saraiva, 1997.

SOUTO, Cláudio; SOUTO, Solange. *Sociologia do direito: uma visão substantiva.* Porto Alegre: Sergio Antonio Fabris Editor, 2003.

TARDE, Gabriel. *A opinião e as massas.* São Paulo: Martins Fontes, 2005.

TORQUATO, Gaudêncio. *Comunicação empresarial /comunicação institucional.* São Paulo: Summus Editorial, 1983.

WEBER, Max. *Economia e sociedade: fundamentos da sociologia compreensiva.* vol.1 Brasília: UnB, 2004.

_____. *Ciência e política: duas Vocações.* São Paulo: Cultrix. 2004.

VIANNA, Oliveira. *O problema do direito corporativo.* Rio de Janeiro: Livraria José Olympio Editora, 1938.

VIANNA, Werneck et al. *A judicialização da política e das relações sociais no Brasil.* Rio de Janeiro: Revan, 1999.